玉环文物概览

玉环县历史文化遗产保护管理委员会

李枝霞/主编

文物出版社

图书在版编目（CIP）数据

玉环文物概览/李枝霞主编. — 北京：文物出版
社，2011.2
ISBN 978-7-5010-3137-5

Ⅰ.①玉… Ⅱ.①李… Ⅲ.①文物—简介—玉环
县 Ⅳ.①K872.544

中国版本图书馆CIP数据核字（2011）第016026号

书名题签 鲍贤伦

装帧设计 顾咏梅　刘　远

责任印制 梁秋卉

责任编辑 郑　彤

出版发行 文物出版社

地　　址 北京市东直门内北小街2号楼

邮　　编 100007

网　　址 http://www.wenwu.com

E—mail:web@wenwu.com

制版印刷 北京圣彩虹制版印刷技术有限公司

开　　本 787毫米×1092毫米　1/16

印　　张 18.5

版　　次 2011年2月第1版

印　　次 2011年2月第1次印刷

书　　号 ISBN 978-7-5010-3137-5

定　　价 150.00元

《玉环文物概览》编辑委员会

顾　问：林先华　陈挺晨　杜惠玲

主　任：翁长锋

副主任：李枝霞

成　员：（按姓氏笔画为序）

王元良　刘时金　孙仁雨　李枝霞　张一芳

杨　青　林发娟　胡之江　翁长锋　颜雪峰

主　编：李枝霞

主要参考文献

1、《特开玉环志》　清雍正十年（1732年）

2、《玉环厅志》　清光绪六年(1880年)

3、《玉环坎门镇志》　浙江人民出版社
　　1991年4月第1版

4、《玉环楚门镇志》　浙江人民出版社　1990年

5、《玉环县地名志》　玉环县地名办公室编　1986年

6、《玉环古志》　中华书局　2008年8月第1版

7、玉环县第三次全国文物普查资料

前　言

从中国地图看玉环，她只是位于浙江省东南沿海的一个极小的岛而已，小到刚刚能看清地名。她东濒披山洋，南连洞头洋，西嵌乐清湾，县域面积2279平方公里，其中陆域面积378平方公里。现辖玉城街道、坎门街道、大麦屿街道、楚门镇、清港镇、芦浦镇、干江镇、沙门镇、龙溪乡、鸡山乡、海山乡等3街道5镇3乡。现有总人口60多万，其中本地人约40万，都是从福建、温州、台州等地移民而来。就是这不多的本地人，却讲着好多种方言，有闽南话、温州话、平阳话、还有台州话、兴化话等。移民文化、海洋文化、海岛文化等多元文化交织影响着一代又一代的玉环人。

玉环历史悠久，据三合潭遗址考古发掘证实，早在商周时期就有人类在此繁衍生息。西周及春秋时期属瓯越，战国时属楚，秦属闽中郡。西汉初期属东瓯王国，后属会稽郡；东汉隶属临海郡。三国时属吴，东晋属永嘉郡乐城县，隋唐宋元属温州，明后期属台州。清雍正六年（1728年）设玉环厅，隶温州府。1912年废厅设县，改称玉环县。1949年划归温州专区。1959年撤销玉环县，属温岭县辖区。1962年恢复玉环县建制，隶台州专区。玉环人在漫长的历史进程中不断演进、发展，留下了丰富的历史文明。

1980年10月成立了玉环县文物保护管理委员会，负责协调管理全县文物工作。2007年6月调整为玉环县历史文化遗产保护管理委员会，文物工作得到了县委县政府的高度重视和社会各界的空前关注。2007年9月，启动了玉环县第三次全国文物普查。截至2010年底，已调查登记了627处文物信息点，其中新发现不可移动文物254处,涉及古遗址、古墓葬、古建筑、石窟寺及石刻、近现代重要史迹及代表性建筑等六大文物类别。坎门验潮所还入选国家文物局主编的《2008第三次全国文物普查重要新发现》。2011年1月，坎门验潮所、纪恩诗摩崖石刻、海山潮汐电站、玉环碉楼、苔山寨城遗址等文化遗存被公布为浙江省第六批省级文物保护单位。这是属于玉环人民的十分丰富又可贵的历史文化遗产。

文物是历史文化的载体，是人类文明演化的实物见证，其重要性毋庸置疑。亲历近几年文物工作和第三次全国文物普查实践，我们基本了解玉环县境内文物遗迹分布的概貌、历史背景和文化内涵，对玉环的历史有了进一步的认知。

现实玉环是历史玉环的发展。为给后代人了解玉环、热爱玉环和促进玉环国民经济全面、协调、可持续发展提供不可替代的原始素材，我们遴选了234项重要不可移动文物和83件收藏文物，整理汇编成《玉环文物概览》。本书按照古遗址（16处）、古墓葬（17处）、古建筑（70处）、石窟寺及石刻（15处）、近现代重要史迹及代表性建筑（114处）和其他（2处）等六大文物类别和收藏文物(83件)的体例进行编排。书中收录的文物既突出了地方特色，又综合考虑了各类型文化遗产所占的比例，注重文化遗产类型齐全。《玉环文物概览》对玉环的文物保护单位、文物保护点以及新发现的重要文物和珍贵的馆藏文物作了科学的简述，并对体现玉环海岛海洋文化特色的海防设施、乡土建筑遗存等新增文化遗产类型给予了较多的关注。

《玉环文物概览》将填补玉环文物史志的空白，为研究玉环历史、地理、宗教、艺术、经济等提供了宝贵的资料，对城乡建设、文化旅游、宣传教育和对外文化交流等部门的工作，也有重要的参考价值。希望本书的出版对普及文物知识、提升文化遗产保护意识、促进全县文化遗产研究和文物保护工作，具有十分重要的现实意义。

李枝霞

2011年春节

序\010

陆·其他

柒·馆藏文物和民间收藏

捌·文物数据资料和图表

后记\295

序

　　我于1928年5月出生在玉环鲜迭村（现属大麦屿街道鲜迭社区）。1941年2月从鲜迭中心小学毕业后，我负笈温州上了中学，1947年8月考上了浙江大学法学院，1949年9月又转学到北京大学法学院，此后就一直定居在北京。1953年从中国人民大学法律系（90年代改称法学院）研究生班毕业后，我就留在中国人民大学任教直到现在。所以，从我的经历看，我对故乡的文物情况确实知之甚少。今年10月17日，玉环县文化广电新闻出版局李枝霞副局长造访我家，给我带来一部书稿——《玉环文物概览》，希望我能为该书作一小序。我犹豫了一下，但很快就把这项任务欣然接受下来了。我主要是考虑到两点：一、玉环是我的第一故乡，是生我养我的地方，不知有过多少次我在睡梦中都梦见了故乡的亲人、同学、山川和沧海，每当看到报纸或电视报道有关玉环的消息，我也决不会错过，这或许就是我与故乡的深厚情结吧。二、我觉得文物史料编撰出版是做好文化遗产保护和传播人类文明的重要事项。这次让我写序，我想也是一个难得的机遇：一方面可以表达自己对故乡的这份心情；另一方面通过阅览书稿，也可以提高对故乡文物的认识，更加增强对故乡炽烈的感情。

　　当我从头至尾把书稿读了一遍之后，我的确为故乡文物之丰富、珍贵、有价值而感到由衷的喜悦。书中说，到2007年底，全县已公布的文物保护单位（点）24处。2010年内，又推荐5处申报浙江省级文物保护单位，其中坎门验潮所推荐申报全国重点文物保护单位。目前正在进行中的玉环县第三次全国文物普查还调查登记了627处文物信息点，其中新发现不可移动文物254处，涉及古遗址、古墓葬、古建筑、石窟寺及石刻、近现代重要史迹及代表性建筑等六大文物类别。这组数字是多么令人振奋呀！

　　文物是具有非常重要的教育作用的。比如我在读小学时，依稀的印象是，玉环的历史好像不一定很悠久，可是三合潭遗址考古发掘出战国时期的青铜器和石器，证实了早在商周时期，就有人类在这片土地上繁衍生息。这对我们玉环人无疑是一个很好的历史教育，大大增强了我们的自豪感。

　　楚门的东方小学我在读小学时就知道，因为当时县里开运动会，东方小学也有代表队参加。可是为什么叫"东方小学"我感到有点神秘。这次书中介绍东方小学旧址这个县级文物保护单位时指出，1939年至1943年，东方小学是玉环县地下党发动和领导抗日救亡的重要据点，是隐蔽和培养共产党干部的基地，是玉环县地下党领导机关所在地，又是培养革命幼苗、积蓄革命力量的园地，被誉为"红色堡垒"，在玉环县革命斗争史上留下了光辉的一页。这就解开了我一直隐藏在心中的谜团，原来"东方"就是东方红嘛。所以这又是一次深刻的革命史实教育。

位于清港镇苔山村的潘心元烈士墓，主人公潘心元是中共早期从事工农运动和武装斗争的重要领导人之一。1930年8月和11月，他到浙南进行革命活动，整顿红十三军组织。同年12月，他从红二团驻地苔山岛出发，乘船去温州途中，在玉环九眼江遭国民党特务枪杀。墓地建于1930年，修葺于1995年。潘心元烈士这段惨烈的历史，足以给后人以深刻的爱国主义教育：新中国的成立就是由像潘心元一样的无数烈士的鲜血换来的。像潘心元这样高层的革命领导人，埋忠骨于玉环青山大地，这既是我们玉环人的光荣承载，也增加了我们一份凝重的责任。

我的出生地鲜迭村也有一些文物列在书中，其中有的我在少年时就接触过，只不过当时没有意识到它是文物，或者还没有成为文物。比如"古建筑篇"中提到的"鲜迭杨府侯王庙"，我去过很多次。庙中有戏台，那是全村的文化中心，每年或隔年总是要演出几场戏的。京剧、昆曲、越剧等戏班子都在那里演出过。我从小就喜欢戏曲，尤其是京剧，至今还是我的业余爱好。我殷切希望，无论是国粹、文物还是文化教育，我们玉环人都能予以重视。作为百强县，我们对经济建设、政治建设、文化建设、社会建设统统都要抓好，都要搞上去。

我很赞赏《玉环文物概览》这本书的编写出版。本书收录的文物既突出了地方特色，又综合考虑了各类型文化遗产所占的比例，而且图文并茂，注重美学效果。我相信，通过编写者和出版者的辛勤努力，本书一定会成为研究玉环的历史、地理、宗教、艺术、经济、教育等等方面的一本重要的、具有宝贵价值的读物。是为序。

中国人民大学教授、博士生导师　高铭暄
2010年12月于北京

壹 古遗址

古遗址是指清代以前人类生产、生活等活动遗留下来的遗迹，分为洞穴址、聚落址、城址、窑址、窖藏址、矿冶遗址、古战场、驿站古道遗址、军事设施遗址、桥梁码头遗址、祭祀遗址、水下遗址、水利设施遗址、寺庙遗址、宫殿衙署遗址及其他古遗址等16小类。具有如下条件之一的可认定为古遗址：存在文化堆积，并有明晰的分布范围；在地表发现有古文化遗物，且具有一定的分布范围；水库、湖泊、河流以及沿海水域的具有历史、艺术、科学价

值的各类文化遗存，包括沉船和地点明确的文物出土点；经过考古发掘，原
址地形、地貌未发生根本性改变；建筑及构筑物基址尚存。

　　玉环现已发现各类古遗址16处，其中聚落址1处、城址3处、窑址2处、矿冶
遗址1处、驿站古道遗址1处、军事设施遗址7处、寺庙遗址1处。玉环历史上
经历了明洪武二十年（1387年）和清顺治十八年（1661年）两次人口内迁
大陆，再加上20世纪三四十年代日本侵略者的狂轰乱炸，使得玉环的古文化
遗存损毁异常严重，现存的这些为数不多的古遗址显得无比珍贵。

三合潭遗址

位于玉环县玉城街道南山村，地处三面环山的三合潭河谷盆地，是一处商周时期的干栏式木构建筑遗址。该遗址占地面积约2500平方米，在遗址内出土了碗、罐、尊、网坠等陶器，以及大量的泥质陶、夹砂陶、印纹陶陶片和原始青瓷片，还有鱼钩、箭镞、小刀、镰、矛等青铜器。干栏式木构建筑的木质残柱排列有序，以挖坑、垫板、立柱为营建手段，平面布局基本完整。三合潭遗址具有河姆渡、马家浜、良渚文化的建筑传统，是一处西周至战国时期东南沿海地区具有越文化特征的古村落遗址。1986年3月被玉环县人民政府公布为县级文物保护单位，2005年3月被浙江省人民政府公布为省级文物保护单位。

瓷狗

石犁

三合潭遗址发掘现场

曾家古城遗址地貌

曾家古城遗址局部

曾家古城遗址

位于玉环县大麦屿街道曾家村老城头，是元代末期的古城遗址。《玉环厅志》卷一下《舆地志·古迹》载："古城旧志：在仙人山，今名老城头。旧有寨城，周围约五里。明洪武二十年徙民内地，城遂废，今址尚存。《隆庆乐清志·古迹》有玉环城，又有玉环乡南社，皆海中岛峿。洪武二十年徙居民腹里，其地遂虚。成化十二年割附太平。"据民间传说，元朝末年，朱元璋的起义军大举南下，围攻鹿城（今温州）。元将方汝宾无力抵抗，在瓯江口坐船顺江流漂流到玉环岛，在仙人山（今古城头）立寨称王。解放前该处还有多段城址，后因附近村民拆除城址石头用于建房，城址变成荒坡，在土坡断层中可以看到大量的瓦片。

灵山寺遗址

位于玉环县楚门镇东西村西吞，全称"灵山寿圣寺"。始建于唐咸通年间（860~873年），后于北宋熙宁元年（1068年），有僧围涂造田7顷，宋神宗赐"灵山寿圣寺"匾额，并赐金扩建。元至治二年（1322年）毁于火。至顺元年（1330年）到至正二十四年（1364年），寺僧一濂、惠宜化缘募资，先后重建山门、两庑、演法堂、观音大士殿、藏经楼、钟楼、僧庐等。清乾隆年间又重建。该寺院建筑在解放后被拆毁，仅存基址。20世纪90年代，寺院住持在旧基址上重建，现有庙宇建筑近10座。整个寺院依山而建，东、南、西三面为溪涧，分布面积约1万多平方米。寺院中还保留有石刻及石构件20余件，包括经幢、石鼓、柱础等，据传是唐时期的遗物。

石碑

石香炉

大殿

福杨烟墩远景

战壕

烟墩残基

福杨烟墩

位于玉环县大麦屿街道福杨村烟墩山，约始建于明洪武年间。烟墩所在的山顶视野开阔，是战略要地。"文化大革命"期间，在遗址上曾修建有两个碉堡，后毁。目前福杨烟墩杂草丛生，仅存少部分石砌基础。

黄门山头烟墩

烟墩残基

黄门山头烟墩

位于玉环县坎门街道黄门村黄门山头，建于明代，是边防海防设施遗迹。黄门山头又叫"烟墩山"，三面临海，视野开阔，是军事要地。早些年因传说烟墩下有宝物，部分村民前去挖掘；另有群众拆取烟墩石块用来铺设山地驳岸，使烟墩遭到严重破坏，目前仅见小部分基石。

东山烟墩远景

台基墙体

烟墩近景

东山烟墩

位于玉环县玉城街道小水埠村东山，是一处军事要地。据史料记载，建于明朝抗倭时期。东山烟墩的台基底面长约18.5、宽7.5米，残高约3.3米。"文化大革命"期间，因为武斗，烟墩的上部建筑体被拆除，用于建造碉堡。现碉堡已基本坍塌，部分墙体仍然可见。东山烟墩与黄门山头烟墩、红旗烟墩属于同时期建造的军事设施。

深浦岭头烟墩

位于玉环县玉城街道辖区内的深浦山顶，建于清乾隆年间。据《玉环厅志·军政篇》记载，深浦山原有营房五间、烟墩三座、牌坊一座、瞭台一座、旗杆一个。一旦有战事，各烟墩狼烟四起，向各方与上级报警，以做好战斗准备。现在瞭望台、旗杆石等已废弃。烟墩尚存两个，相距约50米，皆由乱石堆砌而成，下宽上敛呈圆台形，高约4米。

西烟墩

烟墩全景

墙体

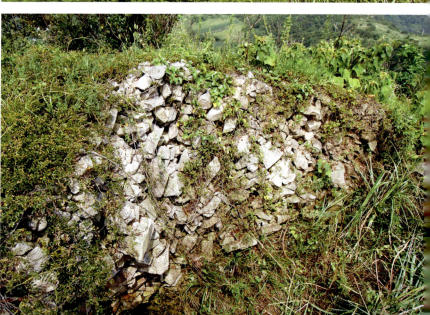

西烟墩

东烟墩残基

灵山头烟墩

位于玉环县龙溪乡灵山头村炮台山，约建于清代。烟墩所在的山顶，视野开阔，是战略要地。由于多种原因，烟墩遭到很大程度的破坏，现仅存少部分石砌基础，建筑占地面积有十多平方米，周边散落着大量石块。

法山头烟墩

位于玉环县龙溪乡法山头村，约建于清代。烟墩由乱石堆积而成，呈锥形，有两个，一大一小，分布面积约50平方米。

大的烟墩位于西面，应为施火传递信息；小的烟墩位于东面，应为施烟传递信息。两个烟墩上均长满杂草，并有石块塌落。

法山头烟墩

烟墩乱石

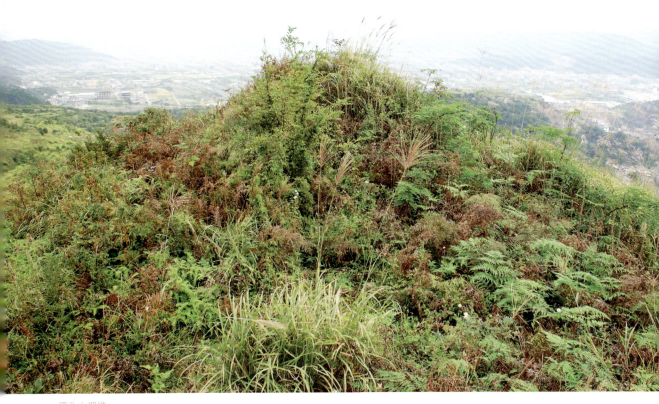

泗头山烟墩

泗头山烟墩

位于玉环县清港镇凡宏村泗头山（司台山）最高处，始建年代不详。据《玉环厅志》卷一《舆地志·叙山》载："司台山高峰挺立，状如卓笔，又名卓笔峰。又形如伞，曰伞屿。明洪武二十年筑墙垣于此，置巡司。下有司垣望台基址。"相传明末清初，郑成功的部下阮禄等人在苔山岛筑城扎寨，此处属于他们的势力范围，可能建烟墩与苔山岛上的驻军相互联系。山顶上现有两个土堆，建筑分布面积约45平方米，周围杂草丛生。

南滩寨城遗址

位于玉环县海山乡南滩村洪溪坑自然村，建于清顺治年间。据《玉环厅志》卷十四《杂记》载："顺治十四年，郑成功破黄岩、台州，回船，焚六邑。"该古城即为郑成功部将陈文达所筑寨城。陈文达踞茅埏岛（海山本岛），在南山顶依山砌筑乱石城，城垣曲折，周长280多米，在南北各开一座城门。顺治十八年（1661年），朝廷由于陈文达、阮禄屡犯边海村坊，"命尚书苏纳海撤边海三十里民居，而空其地，康熙八年始展复"。其城遂圮。城内地势平坦，占地5000多平方米，城墙毁坏严重，墙石被岛上居民拆去用于盖房，仅西面见有部分残留。

西面城墙

寨城远景

寨城东南面

东北面古井

苔山寨城遗址

位于玉环县清港镇苔山村东南山顶,是清朝的古城遗址。寨城依山顶地势而建,呈不规则曲线形,面积约3万平方米。城墙由块石砌筑,周长约600米,目前约三分之二的城墙仍清晰可辨。其中保存最完整的一段高约3米,截面呈梯形。清顺治十八年(1661年),清政府下令"撤边海三十里居民而空其地",玉环岛居民迁内地。传说此时郑成功的部将陈文达、阮禄攻占沿海各县,阮禄率兵在玉环苔山安营扎寨,占山筑此城。城内有校场用以练兵,城南约半里有营房、哨台、烟墩等,另在城东北百米内有一水井。2004年1月,苔山寨城遗址被玉环县人民政府公布为县级文保单位,2010年3月推荐申报省级文物保护单位。

内岙铁矿渣遗址　　　　　　　　　　矿渣　　　　　　　　　　　　　　　　矿渣

内岙铁矿渣遗址

位于玉环县大麦屿街道新园村内
岙村，为明朝玉环岛迁海期间，
倭寇在此冶铁生产兵器所遗留的
铁矿渣，但尚未发现史料记载。
早在1958年大炼钢铁时，当地群
众在溪边的断层中发现铁矿渣，
就上报有关部门。经温州地区勘
测队勘察，岙里确有大量可再利
用的铁矿渣，而且这些矿渣含铁
量很高，很有回炉重炼的价值。
后温州钢铁厂派人来此挖取矿
渣，仅在一个约40米长的断面里
就挖走矿渣7000多担。现在由于
村民大量建房，铁矿渣在房屋之
间的小空地依稀可见。但据村民
反映，仍有大量的铁矿渣埋藏于
村民住宅下。

砺灰窑址环境

小里岙砺灰窑址

位于玉环县坎门街道里澳社区小里岙村里岙港北面,可能建于清代晚期。为圆形敞口建筑体,底呈锅底形,墙体宽0.2米。其生产的砺灰主要用于木质造船业。按1斤砺灰与3~4两桐油的比例混合搅拌,便形成了造、修木船时必不可少的桐油灰。因其所产的砺灰用途单一而且所需总量远不如建筑砺灰大,因此,该种窑的数量较为稀少,是玉环少有的海岛特色工业产业。

据史料记载,明嘉靖年间,福建渔民来坎门捕鱼。清康熙二十七至五十九年(1688~1720年),福建崇武渔民卢天宸定居坎门。清雍正年间,温州永嘉何国贞随伯叔依据坎门,创外洋鹰捕作业;乐清支思煜定居坎门,开垦捕鱼。清道光十九年(1839年),西洋帆船停泊坎门。此时捕鱼业大兴,渔船商船进出频繁,修船造船业也相继产生。于是,适应船只修造需要,船用桐油灰及砺灰的生产制作也开始出现。由此分析,砺灰窑的产生应当在清代就有。

窑体

砺灰窑

东岙窑址

位于玉环县楚门镇东西村羊角山西北面的缓坡地带，为清代以生产瓦片为主的地穴式或半地穴式窑址。共发现4个破坏严重的窑址，其中2个仅在断面有红烧土残留的迹象，由南向北依次排列，分布面积约120平方米。另外2个断面明显的窑址残余长度约3米，剖面呈近卵圆形，中间最宽处约2.3米，残高约2.5米。据村民反映，窑址已被挖掘部分约有2米。在剖面断层中发现较多厚实的碎瓦片。

东岙窑二号窑址

东岙窑一号窑址

古驿道影壁　　　　　　　　　　　　　　　　古驿道路廊

东青古驿道

位于玉环县玉城街道东青村大路边村外湾山边，原为玉环厅城通往京都及其他周边地区的主要陆路干道，始建于清末。现存长度200余米，路面用乱石铺砌，最宽处约1.2米，窄处约1米。呈东西走向，东通东青、芦浦及楚门半岛，西接九子岙并通向玉环城里。在古道边有一座路廊，原为石、木结构，解放后在一次台风中倒塌。1978年前后，路人和乡民自愿捐资重修路廊，以石梁承重，石板铺顶，建筑面积约30平方米。路廊东面的影壁仍为清时期的建筑。古道原从路廊中过，解放后因路廊坍塌，后被改至由路廊南面通过。

貳 古墓葬

古墓葬是指清代以前，人类采取一定方式对死者进行埋葬的遗迹。具有如下条件之一的可定为古遗址：形制结构或遗迹尚存；整体迁移，在新迁址占有独立的地域范围；经过考古发掘，原址地形、地貌未发生根本性变化。古墓葬可分为帝王陵寝、名人或贵族墓、普通墓葬以及其他古墓葬等4小类。

玉环已发现古墓葬19处，其中名人或贵族墓9处、普通墓葬9处、其他古墓葬1处。另外，2001年浙江省文物考古研究所在三合潭遗址进进考古发掘时，发现了一座南宋时期的砖室墓。本书收录了其中的17处古墓葬。

胡瞻塘墓

位于玉环县龙溪乡渡头村官井头，建于明嘉靖年间。墓已大部下沉，现有一块墓碑，为明代原物，正面镌刻"皇明诰封武略将军瞻塘胡公墓"。据《玉环厅志》载："诰授武略将军胡瞻塘墓，在密溪漩门内官井头。"1986年3月，被公布为玉环县级文物保护单位。

胡瞻塘据传系抗倭名将戚继光的部将。明嘉靖四十年（1561年）春，倭寇曾大举进犯台州，戚继光率领"戚家军"九战九捷，彻底消灭了进犯台州的倭寇，救出被掳的百姓1万多人，史称台州大捷。在漩门港外的一次抗倭战争中，胡瞻塘将军奋勇杀敌，不幸阵亡，被葬于渡头官井头山麓。

墓碑

胡瞻塘墓

陈参墓

墓前石马

墓碑

墓前石羊

陈参墓

位于玉环县楚门镇东西村金字山麓，建于明万历十九年（1591年）。墓葬坐北朝南（南偏东28°），建筑面积约238平方米。2005年，该墓经过一次维修，基本保持原貌。墓上下共分5层，墓前最底层空地上尚有明万历辛卯年的石马、石羊各一对，均由整石雕刻而成，造型古朴，形象生动。墓碑虽裂，字迹却清晰可见，正面中间镌刻"皇明赠奉政大夫吏部郎中竹轩陈公之墓"，右边镌刻"孙刑部侍郎穆颖州司训秉建"，左边镌刻"万历辛卯春清明吉旦"。1981年7月，陈参墓被公布为县级文物保护单位。

陈参是陈钝的父亲。在陈钝任行人司右司副时，景泰元年（1450年），代宗皇帝下诏颁旨，陈参被诏赠为征仕郎行人司右司副。陈钝任吏部稽勋清吏司郎中时，又于景泰五年（1454年），陈参被加赠为奉政大夫吏部稽勋清吏司郎中。

庠生王屏翰墓

位于玉环县玉城街道乌岩村邱家后山的半山坡上，建于清嘉庆十四年（1809年）。墓葬坐北朝南，包括拜坛、墓室和坟坛。用糯米、砺灰、砂混合物筑成，建筑占地面积约115平方米。双穴，为王屏翰与其元配夫人的合葬墓。墓最前面有两道用三合土筑成的栏杆。墓葬前两边原有一些小型建筑，如纸库等。解放后该墓遭盗掘，现墓葬处于草木荆棘之下。墓后部的青石墓碑上的字迹仍清晰可辨，上有"嘉庆十四年桂月吉旦"、"庠生讳屏翰王公墓"等字。

墓碑

王屏翰墓墓室

林炎溪墓周边环境

墓碑

庠生林炎溪墓

位于玉环县清港镇凡宏村元宝山顶（泗头山东北面），建于清嘉庆二十四年（1819年）。墓葬为凡宏当地的一个庠生与其妻的合葬墓，坐南朝北，用三合土和石块混合砌筑，建筑面积23平方米。墓碑刻有"清庠生炎溪林公元配王氏 继配高氏 继配高氏 之墓 嘉庆己卯 男景晃立"。墓碑显示该墓主是林炎溪，但据村民介绍，该庠生名叫林炎邦，曾在元宝山西北面的滩涂上筑了一条海塘，圈了大片土地，后人称该地段为"炎邦塘"，并被延用至今。墓现整体沉陷，杂草丛生，隐约可见轮廓。

余连贵墓

墓葬俯瞰

余连贵墓

位于玉环县楚门镇西南村山后浦山脚，建于清道光三年（1823年）。墓葬坐南朝北，有三穴，为余连贵和元配、继配的合葬墓，墓穴均用糯米、砺灰、砂等混合物筑成，建筑规模比较大，建筑面积约125平方米。碑阙三间四柱，墓碑阴刻"道光三年癸未嘉月 吉旦 显考讳连贵行三余公之墓 妣元配金氏老孺人 妣继妾吴氏老孺人 男口口"。墓葬前的坟坦分上、中、下三层，并用台阶连接，在最外围筑有女儿墙、柱子、纸库及其他装饰性物件，做工讲究。

墓碑

柯春华墓

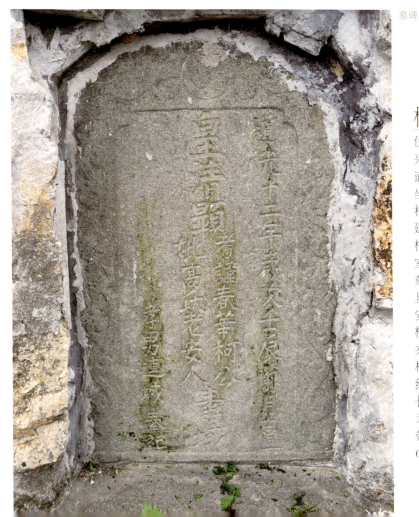

墓碑

柯春华墓

位于玉环县玉城街道西溪山冈头兴福禅寺东北百余米处，建于清道光十二年（1832年）。墓葬坐西朝东，为石和三合土混合结构，由墓坛、墓室两部分组成，建筑面积约35平方米。两穴，为柯春华与其妻高氏的合葬墓。墓室后方有一块青石质地墓碑，上刻"道光十二年岁次壬辰菊月吉旦 皇清显考讳春华柯公妣高氏老安人寿域 孝男连城奉祀"。

柯春华墓的前方约5米处有两个夹杆石，相距约5.8米。每个夹杆石都由一根旗杆和两块石牌组成，并固定在长1、宽0.8米的长方形石板上。夹杆石的石牌为普通花岗岩质，顶部为平顶带倒角，高1.36、宽0.42米，厚0.12～0.15米不等。

众福堂丘尼墓

位于玉环县玉城街道前塘垾村山嘴头，建于清道光二十四年（1844年）。墓葬坐东朝西，西偏南29°，由墓坛、墓室两部分组成，为石和三合土混合建筑体，建筑面积约25平方米。双穴，是众福堂里的丘尼道福和道连的合葬墓。墓室后方镶嵌一块青石质地墓碑，上刻"道光二十四年吉旦"、"皇清妣丘讳尼道福道连之墓"、"孝徒花前花秀全立"。

墓碑

众福堂丘尼墓

庞步元墓

墓碑

庞步元墓

位于玉环县玉城街道县东社区前山头，建于清咸丰七年（1857年）。墓葬坐北朝南，包括墓室、坟坛、拜坛等，用乱石和三合土混合筑成。双穴，为庞步元与元配的合葬墓，建筑面积约45平方米。墓前有用三合土筑成的纸库等。墓后部镶嵌青石墓碑，上阴刻"咸丰丁巳年桂秋榖旦"、"清显考庠生讳步元庞公、妣元配陈氏老安人之墓"、"男廷献、云骧、鸿骛、家型，孙声锵仝立"等字。

庞步元为玉城环东村人，其后人仍在环东繁衍生息。据《玉环厅志》卷十《人物志·义举》载："庞步元字敬斋，厅庠生，居密莺。生平乐善好施，见义必为，以玉环僻处海隅，离省较远，秋闱应试者人数寥寥，请于母捐腴田十亩以佽路费。后之捐助宾兴者相继而起，赖步元为之倡始也，至今士类犹啧啧称之。子四，长廷献、四云骚，并国子监生；次云骧，试用训导；三鸿骛，同治癸酉拔贡。"

林青阳墓

位于玉环县大麦屿街道七丘田村西南面的山丘地，建于清咸丰七年（1857年）。墓葬坐南朝北，用三合土筑成。原墓葬分布区域较大，应有上百平方米，墓前有青砖错缝砌筑的女儿墙，墓前右前方十余米处竖立着两个夹杆石。该墓已遭破坏，仅保留墓穴主体，建筑面积约20平方米。

墓有五穴，埋有10具骸骨。圹志载："清显祖考乙酉岁进士授常山县李训导林公讳玉衡名青阳祖妣黄氏安人合葬之墓 长房孙昌翰男国梓国槐志 显考厅庠生林公讳国楠名毓嵩妣沈氏安人 男昌翰志 伯父国梓元妣叶氏次妣江氏长房兄昌□昌翰次房兄昌宜 以上两行六人系金瓶一圹 三房侄昌铭志 本山座巳向亥兼巽乾分金 咸丰七年岁次丁巳冬月日立"。墓主中以林青阳最为有名。

据《玉环厅志》卷十《人物志》和卷十一《选举志》所载，林青阳字玉珩，居陈岙，道光年贡（岁贡生）。自幼家贫，父令其杂佣操作，青阳挟册田间，吟讽不辍。父异之，使出就外傅，弱冠即游庠，累试俱高等。后以解经选江山司训（选援常山县训导），未位卒。

墓前旗杆石

墓志

林青阳墓

陈莲塘墓

墓碑

庠生陈莲塘墓

位于玉环县清港镇中赵村月山禅寺后山，建于清同治四年（1865年）。墓葬为石结构，用糯米、砺灰、砂混合物建成，建筑面积约15平方米。墓葬虽被山中植被及泥土所掩埋，但墓门墓碑清晰可见。墓碑阴刻"清同治四年阳月谷旦，邑庠生莲塘陈公寿域、元配王氏、次配林氏孺人之墓寿域"。从墓碑得知，墓主是庠生陈莲塘与其妻妾合葬墓。

墓室

林正阳墓

位于玉环县大麦屿街道桥头村，建于清咸丰八年（1858年）。墓葬坐北朝南（南偏东40°），用糯米、石灰、砂混合的三合土建筑，由墓室、墓坛、拜坛三部分组成。墓室二穴，墓主是武显将军林正阳与元配夫人张氏。墓左右各立有一座石狮，并有形若石鼓的构造和纸库等。墓前拜坛边缘做出栏杆，墓区占地面积约500平方米。墓碑记载："咸丰己未肆月 吉旦 清诰封武显将军书堂林老大人 夫人张老夫人 之墓域 孝男嘉谦源诩 孙嗣发衡彷燧勋 奉"。2004年，林家后裔对围墙、台门等进行了重建。

1986年，林正阳墓被公布为县级文物保护单位。

林正阳（1800～1858年）名启泰，字振运，号昼堂，玉环城关西青街人。他少年时就胸怀大志，爱好驰马试剑，有谋略。清道光年间投军，曾代理定海营守备。

林正阳墓墓碑

墓前雌狮　　　　　　　　　墓前雄狮

江岚墓

位于玉环县玉城街道沙吞村北山坡上，建于清同治十三年（1874年）。墓葬坐北朝南，依山而建，用三合土建筑。由拜坛、墓坛、墓室三部分组成，宽约7米，深约12米，占地面积约65平方米。墓前有栏杆，整体围合，墓葬建筑的雕塑古朴典雅。墓室二穴，墓主是江岚和元配颜氏。墓室后方有碑阙，中置青石墓碑，阴刻"同治十三年冬月谷旦候选直隶分府讳岚江公墓 暨元配颜氏老安人之寿域 男荣寿孙华文华杰华才 仝立"。在墓前左右用三合土塑有一对狮子，因年代久远，只存大致形状。

墓前石狮

江岚墓

庞鸿翯墓

庞鸿翯墓

位于玉环县玉城街道县东社区前山头，建于清光绪二十年（1894年）。墓葬坐西朝东，包括墓室、坟坛、拜坛等，用乱石和三合土混合筑成。双穴，为庞鸿翯和元配的合葬墓，建筑面积约48平方米。墓后部镶嵌墓碑，青石质地，上阴刻"光绪二十年岁次甲午如月吉旦"、"清显考拔贡生庞公鸿翯、妣元配章氏老安人之墓"、"孝男声烈、孙光第光筵全立"等字。墓碑上浮雕精美的龙纹等图案。

据《玉环厅志》卷十《人物志·文苑》载："庞鸿翯字楚秋，居密莺。性敏慧，好读经史古文，旁及宋儒语录，俱有心得，制艺诗赋并皆佳妙。岁科试屡冠军，丁濂甫学使选其文登校士录。工篆隶，尤善作画，求者踵接于门，挥洒立应。以选拔入都，未及廷试而卒，士林惜之。"

双峰刘氏墓

位于玉环县大麦屿街道双峰社区
峉仔底村，建于清代晚期。主体
建筑靠山依地势分为上、中、下
三层，最上面一层为清贡生四品
候补同知、朝议大夫刘沅及其
妻等人的墓穴（刘沅是刘嵘祖
父）。该墓主体建筑为石结构，
用砺灰、糯米、沙石等混合物筑
成，规模较大，方向朝东，建筑
占地面积约352平方米。墓前有
照壁，上题有"蓬莱岛"字样，
墓背也塑有图案和题字，但现已
重新修葺。另在主墓前的两侧还
分别建有小型墓葬。此外，玉环
籍哲学家、原中山大学副校长刘
嵘（1920～2001年）也葬于此。

照壁灰塑

刘氏墓台门

刘氏墓全貌

墓室

墓室中间石刻

陈鸣商墓

位于玉环县清港镇樟岙村孤岛上与徐都村交界处，约为清末墓葬建筑，始建年代不详。墓葬坐东朝西，石结构，建筑面积约43平方米，为徐都村人陈鸣商与夫人的合葬墓。陈鸣商为当地名望。右边墓室口的石板上镌刻"皇清候选教谕光绪壬午科恩进士名鸣商字凤翔号云帆行一陈公之寿域"。该墓于近年修建，但墓门周边的石刻仍基本保持原样，有龙、虎及花草等图案，雕刻精美。

王丽生墓

位于玉环县清港镇凡宏村泗头湾坑口垟，建于清光绪三十一年（1905年）。墓葬坐北朝南，石结构，两穴，建筑面积约60平方米，为清代例授修职郎王丽生与其元配吴氏的合葬墓。墓后方青石质的墓碑上阴刻"光绪三十一年岁舍乙巳十一月穀旦 皇倩例授修职郎显考王公篆丽生 妣吴氏老安人之墓 孝男王钦雄 钦舜 钦训 钦俊 孝孙(略)全敬立"。墓石构件保存较好，有雕刻，并多处阴刻篆文。圹掩青石质，上阴刻

"清玉环楚门例授修职郎王公篆丽生字鑫文号曰桂苑暨德配吴氏安人之寿域"。

墓主人生前居于楚门北门王家，系宋皇室赵姓后裔。据《王氏族谱》载："起庚，字鑫文，号桂苑，名丽生，国学生，例授州同。生于清道光乙巳年（1845年），卒于光绪戊申年（1908年）。婆卢岙例贡生吴东藩公之妹，合葬梳头坑口垟。子四：钦雄、钦舜、钦训、钦俊。"

墓碑

墓口

王丽生墓周边环境

汪云峰墓远景

墓志铭

汪云峰墓

位于玉环县龙溪乡渡头村大山头道院的西北面，建于清代宣统二年（1910年）。墓葬坐东朝西，墓前部分为石材打制的构件，上面有墓志和一些装饰性图案，建筑面积约30平方米。通过墓志铭了解到，该墓为大山头道院真人汪云峰（讳明化）的墓穴。汪明化为龙门派下第二十代弟子，自幼披发学道，为大山头道院开山老祖。

叁 古建筑

古建筑是指清代以前的建筑物、构筑物及其附属设施，分为城垣城楼、宫殿府邸、宅第民居、坛庙祠堂、衙署官邸、学堂书院、驿站会馆、店铺作坊、牌坊影壁、亭台楼阙、寺观塔幢、苑囿园林、桥涵码头、堤坝渠堰、池塘井泉及其他古建筑等16小类。中国古建筑的特点有：一是以木材、砖瓦为主要建筑材料，以木构架为主要结构方式。立柱、横梁、顺檩等各个构件之间的结点以榫卯相吻合，构成富有弹性的框架，有利于防震、抗震。二是建筑的平面

布局具有简明的规律。以"间"为单位构成单座建筑，再以单座建筑组成庭院，进而以庭院为单元，组成各种形式的组群。重要建筑多采用均衡对称的方式，以庭院为单元，沿着纵轴线与横轴线进行设计。三是建筑造型优美，尤以屋顶造型最为突出。四是建筑的雕饰绘制精巧、题材丰富多彩，有动植物花纹、人物形象、戏剧场面及历史传说故事等。

目前，玉环已发现并登录各类古建筑71处，其中宅第民居18处、坛庙祠堂17处、店铺作坊1处、牌坊影壁1处、亭台楼阁2处、桥涵码头10处、堤坝渠堰1处、池塘井泉18处、其他古建筑3处。本书收录了其中的70处。

刘园刘氏四合院

位于玉环县大麦屿街道刘园社区刘家47号（东升路），建于清乾隆年间。房屋为四合院式二进建筑，坐东朝西，建筑占地面积约1129平方米。门楼和堂屋为十三檩构架的单层建筑，两厢是两层建筑，均为砖、石、木结构。屋脊灰塑及门窗、梁架上的木构件雕刻精美，但由于该建筑属多家所有，部分被拆掉重建，剩余部分无人居住，年久失修，房屋显得破旧。

堂屋

刘氏四合院

赵亨德民居

正屋

赵亨德民居

位于玉环县清港镇中赵村赵中路33号，建于清咸丰六年（1856年）。建筑坐北朝南（南偏东40°），建筑占地面积约292.4平方米。为石、木结构两层建筑，八檩构架。主体七开间，以堂屋纵轴线呈对称分布，两端的最外两次间均向前凸出，形成耳房。前墙内平面与单步挑檐前廊的檐口线相切，并随前廊走向置门，以便生活起居。主体建筑的西边搭建有猪圈、杂房。1958～1960年芳杜水库建造期间，曾有百余工人住于此。后来，当地民兵驻扎在此近两年。

林德苗民居

阁楼拜坛

林德苗民居

位于玉环县玉城街道鳝塘村小湾自然村兴达巷26号，建于清道光十三年（1833年）。为石木结构两层建筑，建筑占地面积约650平方米。该房在堂屋左右均有厢房，平面布局呈"凹"字形。堂屋坐北朝南，七开间，采用穿斗式梁架，为12檩构架。据林德苗介绍，该房建于道光年间，迄今已住过七代人。由于年久失修，房屋已显破旧，西侧厢房于几年前被拆除新建。

内饰雕花

正屋内木饰

花窗

林明贵四合院

位于玉环县大麦屿街道鲜迭社区龙海路30号，建于清光绪十五年（1889年）。房屋为四合院式二层建筑，坐北朝南，石木结构，三开间，建筑占地面积约188平方米。屋顶硬山造，梁架为穿斗式结构。分前后两进，第一进门楼四檩构架，第二进正屋八檩构架。大门外墙上原本有精美的灰塑，"文化大革命"期间遭毁坏。房屋由林明贵的祖父所建，由于年久失修，东厢已有部分瓦片掉落。

林明贵四合院

西南立面

正屋

梁珠宝四合院

次间木窗

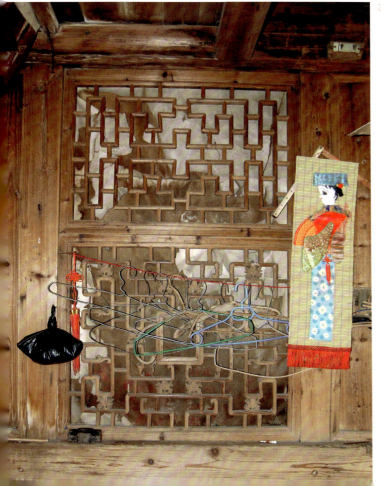

梁珠宝四合院

位于玉环县坎门街道花岩礁村花岩路39号，建于清光绪年间。建筑坐东朝西，西偏南33°，建筑占地面积约259平方米。四合院式二层建筑，砖、石、木结构，分前后两进，屋顶均为硬山造，山墙观音兜式，屋脊有精美雕塑。第一进门楼三开间，楼层石檐置挑廊。第二进正屋三开间带二弄，九檩构架，明间带双步前廊。

江华才民居

台门

江华才民居

位于玉环县玉城街道沙岙村北山，建于清末。房屋坐西朝东，建筑面积约330平方米。房产原为江华才所有，解放后该房产被没收充公。1950年前后，这里是沙鳝乡公所；1955年后曾经是乡粮库。1970年前后，原住宅内的建筑多被拆除，用来重建村部，现仅留下正面的墙。该墙用青砖砌筑，上面还保留着原来的大门、窗框架，上有装饰图案。

章长林民居正面

明间

章长林民居

位于玉环县玉城街道章家村章家，建于清末。房屋为石木结构单层建筑，现仅存正屋部分，两厢等多已拆除。正屋坐北朝南，南偏西30°，穿斗式梁架带双步前廊，十二檩构架，七开间，梢间为加披，建筑面积约297平方米。由于年久失修，房屋破坏严重。

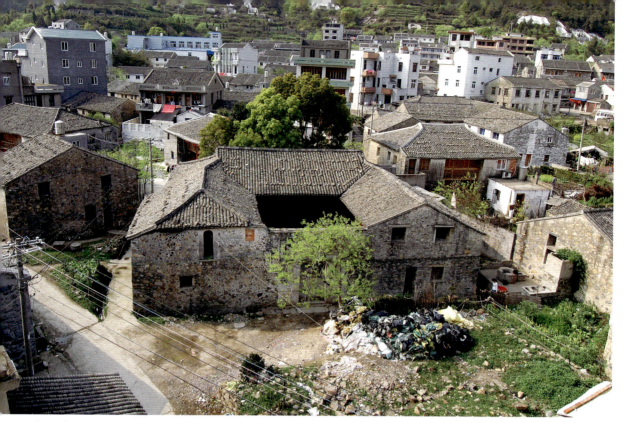

盛氏三合院鸟瞰

台门

路脚盛氏三合院

路脚盛氏三合院

位于玉环县坎门街道里澳社区路脚临港巷25号，建于清末。三合院式两层建筑，坐北朝南，屋顶均为硬山造，建筑占地面积约305平方米。正屋五开间，九檩构架，带前后双步梁，明间带双步前廊。西面厢房早期已改建。房屋四周墙体角上部分有倒角，其内部木结构基本保留原样。原为盛氏居住场所，1949年至1951年间被作为当地乡政府，后又为盛氏居住。

梁曾寿四合院鸟瞰

天井

梁曾寿四合院

梁曾寿四合院

位于玉环县坎门街道花岩礁村花岩路29号，建于清末，为梁曾寿祖上所建。四合院式二层建筑，坐东朝西、砖、石、木结构，分前后两进，建筑占地面积约196平方米。屋顶大多为硬山造，唯门楼两侧的屋顶为歇山造，有戗角。第一进门楼三开间，楼层后檐带双步后廊。第二进正屋三开间，九檩构架，明间带双步前廊。另外在天井内，房屋从二楼窗台下方向天井置挑檐，形成围绕天井的回形走廊。一楼天井四周均以石板铺装。

梁顺叶四合院

位于坎门街道花岩礁村花岩路11号，建于清末，为梁顺叶的祖上所建。四合院式二层建筑，坐北朝南，石、砖、木结构，建筑占地面积约210平方米。屋顶均为硬山造。分前后两进，第一进门楼三开间，楼层后檐置双步后廊；第二进正屋三开间，明间带双步前廊，九檩构架，前后双步梁。正屋檐柱上的"牛腿"雕刻精细，做成鱼、龙开头，并被镶嵌上玻璃，木构件雕刻精美。

明间二楼栏干

天井

梁顺叶四合院

陈如华四合院远景

堂屋　　　　　　　　　　　　　　　　　　西侧二楼窗户

陈如华四合院

位于玉环县坎门街道东安村洞安坑村洞安路54弄21号，建于清末，为陈如华的祖上所建。四合院式二层建筑，坐北朝南，石、木结构，建筑占地面积约304平方米。分前后两进，屋顶均为硬山造。第一进门楼五开间，楼层后檐置挑廊。第二进正屋五开间带二弄，九檩构架，明间带前双步廊。该宅中轴线以西部分年久失修，中轴线以东部分有人居住，保存较好。

李阿银三合院

西南侧门

李阿银三合院

位于玉环县坎门街道灯塔社区学头46号，建于清末，为李阿银的祖上所建。三合院式，坐北朝南，石、砖、木混合结构，二层，建筑占地面积约290平方米。正屋五开间，九檩构架，楼层带双步前廊。左右厢房均两间，次间及厢房墙体已改建。该院做工讲究，梁、枋及斗拱上均有精美的花草、人物雕刻，台门也有精美雕塑。

郑念春四合院背面

正屋

郑念春四合院

位于玉环县坎门街道红旗社区真武海滨路41号，建于清末。四合院式二进两层建筑体，坐北朝南，石、木结构，建筑占地面积约343平方米。第一进门楼，规模较小；第二进正屋，九檩构架，明间置双步前廊。该院屋脊和大门的灰塑、雕刻精美，大门粉刷成朱红色，院内有木构件和石构件雕刻，门楼和天井及堂屋地面均铺石板。

房顶泥塑

梁世清四合院正屋

第二进前廊

梁世清四合院

位于玉环县坎门街道红旗社区新建自然村炮台28号，建于清末。其主体为四合院式二进两层建筑，坐东朝西。屋顶硬山造，石、木结构，穿斗式梁架，五开间，在天井周边置有回廊。四合院另从主体向西面延伸出一个小院落，建筑规模较大，建筑占地面积约451平方米。第一进门楼体量较大，七檩构架；第二进正屋，九檩构架。该建筑屋脊的灰塑、梁架和门窗上的木构件雕刻精美，门楼、天井、堂屋地面均铺石板。

金氏民居堂屋

台门

正屋前廊

朝阳金氏民居

位于玉环县大麦屿街道朝阳村下朝阳自然村振阳路，建于清末。房屋为石木结构二层建筑，坐北朝南。由于该房屋属多家所有，东厢及西厢局部被拆除，剩余的建筑占地面积约203平方米。该房底楼设前廊，并置挑檐，前廊梁架木构件雕刻简朴大方。房屋中还有很多木质民俗物品，如大木床、木椅、木茶几等。房子的南面有一座砖砌老台门，为原先该大院的台门，上面有一些装饰斗拱的雕塑。

内湾沈氏民居

位于玉环县大麦屿街道新塘村内湾106号，建于清朝时期。房屋为石、木结构单层建筑，坐东朝西。现仅剩部分堂屋和北边的厢房，建筑占地面积约410平方米。堂屋原为七开间，十一檩构架。屋脊雕塑以及门窗、梁架上木构件雕刻精美，柱础、阶梯均由青石打制，简朴大方。该民居现无人居住，院落内杂草丛生。

穿堂门

正屋

毛止熙旧宅台门正面

前廊梁架

毛止熙旧宅台门

位于玉环县龙溪乡山里村台门里，建于清代。这是玉环最后一任伪县长毛止熙家的台门，其余建筑均已被拆，仅余台门保存较好。台门为石木结构，面宽3.7、进深约5米，穿斗式梁架六檩构架，台门占地面积约19平方米。台门脊部等处仍保留清代风格的泥塑装饰。但为加固台门，毛家后人对台门墙面进行水泥砂浆抹面。台门目前已闲置，用于堆放杂物。

据《玉环县志》中记载，毛止熙（1904～1951年）化名毛秋萍，今密溪乡山里人，曾任国民革命军第三十二军第四路军司令部军法官、国民党玉环县第二区党部执委、浙江省温台外海护航总队上校副总队长、浙江省政府参议、玉环县县长等职。1951年3月，因在上海参与军统特务活动，被上海市人民法院判处死刑。

教场头妈祖宫

位于玉环县坎门街道后沙社区前街244号，始建于康熙八年（1669年），部分屋墙为1923年修建。曾称"教场头天后宫"、"娘妈宫"、"天上圣母宫"，1953年农历九月初九定名为"妈祖宫"。该宫坐东朝西，为四合院式单层建筑，砖、石、木混合结构。三开间，分前后两进，建筑占地面积约232平方米。第一进门楼规模较小；第二进正殿，九檩构架，采用明间五架抬梁、两端山面穿斗式梁架的混合结构，有青石龙柱2根，石柱12根。厢房部位为廊的形制，木柱结构。1922年该宫遭遇大火焚毁，次年重新修建。"文化大革命"期间遭破坏，仅存空殿，并一度被占用。1993年恢复为妈祖宫。宫中保存有道光二年（1822年）和同治六年（1867年）的石碑。据《玉环坎门志》载，同治六年（1867年）八月，坎门设救生局，规定每年冬钓，每船出钱三千，存典生息，为救生恤死之用。并将规定勒石于教场头天后宫前。妈祖宫内的两根清代浮雕盘龙石柱，用青石凿成，高3.5，柱围0.93米，雕刻浑圆精细，立体感强。

道光二年石碑

同治六年石碑

石龙柱

教场头妈祖宫

大山头道院三清殿

三清殿正殿

殿前佛像

大山头道院三清殿

位于玉环县龙溪乡渡头村大山头道院内，建于清末。前面有吕祖殿，后面有玉皇殿，为吕祖殿创始人汪明化的徒弟任至升与徒孙徐理衡、王理扬主持所建。坐西朝东（东偏北40°），石、木结构二层建筑，屋顶硬山造，建筑占地面积约187平方米。五开间，两端梢间均向前凸出，形成耳房，使建筑平面呈"凹"字形，底层挑檐成廊。地面均铺石板，前廊木制构件雕刻精美。

下青塘平水禹王庙

位于玉环县大麦屿街道下青塘村百安古村,建于清乾隆年间。该平水禹王庙正屋坐南朝北,石、木结构,整体建筑形制为四合院式,分前后两进,第一进为戏台,第二进为大殿,大门开于戏台两侧。原戏台已毁坏,两侧厢房在20世纪70年代曾作为村小学校舍,均重建过。庙内大殿五开间,明间五架抬梁带前后双步,翼次间左为杂房右为厨房,建筑占地面积约176平方米。屋顶硬山造,原屋脊有精美的泥塑,在"文化大革命"期间遭破坏,现仅小部分可见。大殿梁架保存较好,梁、枋及柱头上均有花草蛙鱼等精美雕刻。

平水禹王庙正殿

大殿内景

平水禹王庙大殿

下段平水禹王庙

位于玉环县玉城街道下段村东虹路2号，建于清末。建筑坐东朝西（西偏南20°），梁架结构为穿斗式，七檩构架，屋顶硬山造，单层，石、木结构。五开间，建筑占地面积112平方米。该庙有拆建修葺现象，大殿墙体及地面用水泥沙浆粉刷过，柱体等木构件出现深裂纹并有虫蛀现象。禹王庙现为下段村老年协会所在地，并利用近年新建的戏台，作为村集体唱大戏的场所。

后岙武圣庙

位于玉环县鸡山乡后岙村观鹿路99号，始建于清乾隆年间。坐西朝东（东偏南20°），为四合院式二进两层建筑，石、木结构，建筑占地面积313平方米。东面为戏台，西面为大殿，南北为廊。

大殿五开间，明间供关羽，北面次间供如来，南面次间供陈十四娘娘。庙曾多次修缮，但大殿地面仍铺石板，且梁架结构基本保持清代风格，仅有部分木料因腐朽被替换成新料，并被刷漆。

垂柱

武圣庙戏台

大殿

远景

杨府侯王庙俯瞰

正殿

鹭鸶礁杨府侯王庙

位于玉环县大麦屿街道鹭鸶礁村，建于清乾隆年间。坐北朝南，四合院式，石、木结构单层建筑，屋顶硬山造，分前后两进，建筑占地面积约313平方米。从外面看与普通民居无异，但从内部格局看，俨然是庙宇建筑。第一进为干栏式的架空戏台，七檩构架。第二进正殿，三开间，明间五架抬梁带前后双步，两翼的次间左为厨房、右为杂房。两厢位置分二层，上层主要在唱大戏时供戏子梳妆、休息等用，下层为通道。戏台两侧各开有大门，善男信女及观众可通过走廊通往大殿。中间天井较大，使村民聚集看大戏有宽敞的空间。该杨府庙的屋顶已翻修，墙体刷上水泥浆，但梁架和布局基本保持原样。

朱戴庙

位于玉环县沙门镇灵门村灵门，建于清嘉庆年间。建筑物坐东朝西（西偏北10°），三开间，为石、木结构单层建筑。九檩构架，屋顶硬山造，地面均铺石板，建筑占地面积约77平方米。庙宇保存较好，且做工精细，木构件雕刻精美。由于年代久远，庙宇相对破旧。有梁架刷漆、墙体水泥加固等修葺现象，使庙宇局部遭到破坏。

大殿内景

朱戴庙

杨府侯王庙大殿

东墙板画

鲜迭杨府侯王庙

位于玉环县大麦屿街道鲜迭社区办公楼西北面，始建于清咸丰三年（1853年），修于清光绪十五年（1889年）。大殿坐北朝南，原为石、木结构，单层建筑，十檩构架，梁架采用两端山面穿斗式、明间五架抬梁的混合结构法，三开间，建筑占地面积约195平方米。"文化大革命"期间遭到破坏。1998年，当地群众捐资对该庙大殿进行了修缮，在各木柱下面拼接上1米高的水泥柱，将屋举梁架整体抬高1米，并刷上新漆。现该大殿基本保持着光绪十五年的梁架结构。庙里保存着3块《杨家将》彩绘古画板，据说原有4块。

洋屿关圣庙

位于玉环县鸡山乡洋屿村坑里村，建于清末民国初年。坐东朝西（西偏南30°），三开间，石、木结构单层建筑。屋顶均硬山造，五架抬梁八檩构架，建筑占地面积约109平米。在各檐柱之间设地栿做空间分割，大门开于明间，原先的外廊成为室内空间，只留檐檩以外部分于室外。挑尖梁雕有龙头等图案，做工精美，由室内延伸到室外，并做云头。该庙基本保持原貌，仅部分做过修缮改动，摆放神像的台座和地面用水泥浇筑，部分椽被更换新料。

洋屿关圣庙

大殿内景

章十三元帅庙远景

大殿 戏台

章十三元帅庙戏台

位于玉环县玉城街道环西村小峦山嘴头山脚下章十三元帅庙内，建于清乾隆四十七年（1782年）。戏台正对着大殿，坐南朝北（北偏西38°），为单檐歇山顶，由四根木柱支撑承重，三面敞台，台面上铺满长条原木地板，面宽4.48、进深4.62米，台高1.32米，戏台占地面积约28平方米。台顶有藻井，台檐有挑角。该戏台虽历经两百多年风雨，但保存较好，为研究清代建筑、中国戏曲史等提供了宝贵的实物资料。2004年3月，该戏台被玉环县文物主管部门公布为文物保护点。

樟岙大帝庙戏台

位于玉环县清港镇樟岙村，建于清同治四年（1865年），是大帝庙的重要组成部分。戏台朝向东偏北，为单檐歇山顶，三面敞台，架空台面满铺木地板，面宽5.35、进深4.9米，台面架空1.45米高。台顶有藻井，装饰龙、凤等精美雕刻。整个戏台基本由4根柱子支撑承重，后方为两根木柱，前方为两根铁管。戏台前面设置亭状看台，并以置顶穿堂与戏台相衔接，形成一个整体建筑。

看台亦为单檐歇山顶，由4根木柱支撑承重，梁架上有精美的佛像、花草等雕刻。看台底面正方形，并铺设石材。"文化大革命"期间，戏台遭局部破坏。2003年村民对戏台做过修整，戏台本身及周边环境有一定程度的改观。2004年3月，该戏台被玉环县文物主管部门公布为文物保护点。

原貌

大帝庙戏台俯瞰

东岙关庙戏台

前台

木构件

东岙关庙戏台

位于玉环县楚门镇东西村东岙关庙前，建于清代。为单檐歇山顶建筑，坐西朝东（东偏北30°），三面敞台，戏台建筑占地面积约103平方米。现存戏台整体建筑仍保持原有的建筑布局，由前台和后台两部分组成，前台又分正台及两厢。正台为表演区，两厢为乐队伴奏所用。正台部分面宽4.98、进深5米，台面架空1.55米高并满铺木地板。台面距天花板高度3.1米，由4根木柱支撑承重，基本保持原貌，仅于台面的前面及左右用预制板外接加宽。

台面制作工艺讲究，前檐挑檐檩至额枋间布满了斗拱等木构件，内外额枋、斜撑、雀替、月梁等均雕刻人物、花鸟等图案，戏台天花板上绘有精美的龙凤等图案。后台及两厢已改建。2004年3月，该戏台被玉环县文物主管部门公布为文物保护点。

仓里黄氏宗祠

位于玉环县大麦屿街道下青塘村仓里村，建于清同治七年（1868年），为当地大族黄姓的祠堂。祠堂靠山，坐东朝西（西偏北30°）。为石木结构单层建筑，包括正室三间、两厢连披二间，共七间，十檩构架，建筑占地面积约184平方米。1998年，族人集资对祠堂进行重修，拆建两连披，遂成正室三间四厢的建筑形制，并基本保持原有的梁架结构，但正殿部分梁架被新刷漆。其墙体、地面等均用水泥沙浆粉刷，周边环境也有所改变。

五架抬梁

大殿

黄氏宗祠远景

五架抬梁

内岙曾氏宗祠

位于玉环县大麦屿街道新园村内岙自然村，建于清光绪三十二年（1906年），大殿大梁记有"大清光绪三十二年 岁在丙午仲冬月谷旦"。宗祠坐西朝东，为三合院式石木结构单层建筑，大殿五开间，两厢为廊，建筑占地面积约243平方米。宗祠大殿及两厢梁架基本为原来的梁架，雕刻简朴大方。大殿及两厢均被修葺过，屋顶瓦片被重新换过，墙体内外用水泥砂浆粉刷，门窗也被换过。台门有部分修改，但仍保留着原有的精美雕塑。

大殿

曾氏宗祠俯瞰

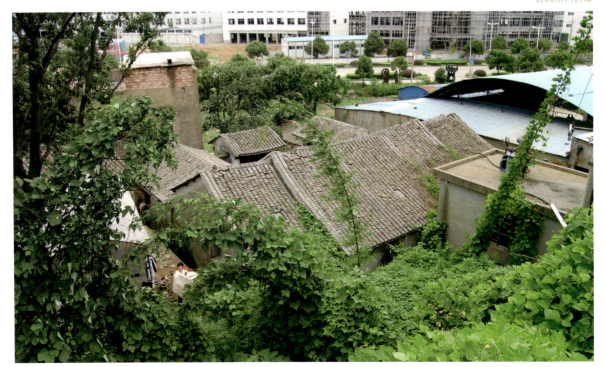

泗边林氏祠堂

位于玉环县沙门镇泗边村爱国路85号，建于清代。祠堂坐东朝西，单层建筑，三开间，建筑占地面积约88平方米。祠堂置单步前廊，廊的梁由规格较大的木料做成，并有雕刻。该祠堂于近年重修，部分原有梁架及木构件被保留，现为砖、木、混凝土结构，墙体均用水泥沙浆粉刷，并涂以白灰，原有梁架也刷上了油漆，整体建筑风格遭到一定程度的改变。

林氏祠堂前廊木构

正面

灵山古井

戴明古井

灵山古井

位于楚门镇东西村灵山寺天王殿前西南方向约50米处，在宋代重建灵山寺时挖掘砌筑。井栏外廓下宽上敛，由整石打制而成，井口沿外方内圆，上沿口外廓边长0.5米，内圆直径0.39米，高0.3米，自然侵蚀和摩擦迹象较明显。井身由乱石砌筑而成，深约5.5米。水井附近的地面已被水泥浇筑，现仍为灵山寺僧人生活所用。1986年3月被玉环县人民政府公布为县级文物保护单位。

戴明古井

位于玉环县楚门镇东西村东岙戴家22号南面，据传为宋淳熙二年（1175年）进士、绍熙二年（1191年）户部尚书戴明亲手开凿的古井。井栏由整石打制而成，花岗岩质地，近圆柱形，外廓稍呈下宽上敛，高0.33米，上沿口外廓直径0.5米，内圆直径0.37米。井身由乱石砌筑而成，近圆形，深约5.2米。水井附近的地面已用水泥浇筑，目前仍能提供生活用水。

小闾水井

位于玉环县沙门镇小闾村，为明代所建。井栏花岗岩质，由整石打制而成，圆形，外圆直径0.63、内圆直径0.45米，井栏高度0.3、井深约5米。由于该井附近的新建民居地势加高，水井边上地势也用石渣填高，致使地面与井栏上沿口基本持平。该井目前处于闲置状态，已无人使用。

上井头古井

位于玉环县楚门镇田岙村上井头山边，为明洪武年间所建。井如水窖，但久旱不竭，味美甘甜。呈方形，边长1.26、宽1米，深约2米，占地约13平方米。当地群众自发刻制一块石碑，写明该井为明洪武年间的古井，并于1988年重修过，用水泥浇筑井边平地，并用预制板盖住大部分井口。目前古井仍在被附近居民使用。

上井头古井

小闾水井

方石井井栏

方石井井栏刻铭

方石井

位于玉环县玉城街道县前社区县后巷，西靠县政府大院围墙，建于乾隆三十三年（1768年）。井壁用乱石砌筑，深约4米。井栏用4块高约0.5米的薄石板围成，近方形，外廓长约1米，宽0.95米。在井栏南面镌刻"乾隆叁拾叁年肆月吉旦立"字样。因处在路边，道路硬化建设时，井周边地面也用水泥浇筑，与路面形成整体，多次遭到往来车辆的碰撞。此井仍在为附近居民所用，2004年3月被公布为文物保护点。

张家老祠堂水井

位于玉环县沙门镇南山村南山73号西南（原张家老祠堂内），建于清道光十七年（1837年）。井栏由整石打制而成，圆形，略下宽上窄，上沿口外圆直径0.69、内圆直径0.47米，井栏高度0.37米，井深约5米。井栏外侧有一个近方形的石框，框内阴刻字体。虽然石材风化和井边地面用水泥浇筑后掩盖，但"大清道"、"十七年"、"张"等字样仍清晰可见。该井水一直被周边的张家后人使用。

清泉井

位于玉环县鸡山乡后岙村圆头中岭，建于清道光二十四年（1844年）。该井实际是就泉眼挖坑筑墙所成，建筑占地面积约5平方米。井边还立着一块字迹模糊的小石碑，内容为"鸡冠山圆头中岭 合捐建造清泉井 道光廿四年阳月吉立 董事（人名略）"。该井曾经是周边主要的淡水源头，后为扩大该井的蓄水量和改变井周边环境，1986年7月，当地村民对该井进行维修。

张家老祠堂水井

清泉井

龙羿井

龙羿井和井栏外侧刻铭

龙羿井

位于玉环县楚门镇筠岗村筠岗小学西面，该井于清道光二十八年(1848年)即被称为古迹，可见其始建时间更早，但已无从考究。该井雕刻精美，井水清澈见底，久旱不竭。井栏略下宽上窄，高0.35米，上部外口径0.66、内口径约0.51米，栏壁厚约0.08米，井栏上檐口至井底深约5.56米。

井栏外周镌刻8个方框，其中的7个方框内均阴刻一字，即"筠岗古迹龙羿井"，剩余方框内刻有"大清道光戊申年伏月吉旦"字样。水井四周均为村民住宅，周边地面于前些年被村民用水泥浇筑。2004年1月被玉环县人民政府公布为第三批文物保护单位。

田岙冯氏古井

位于玉环县楚门镇田岙村冯家自然村。具体挖掘时间不详，据村民反映，在清咸丰年间就有此井。其造型古朴，井水清澈，久旱不竭。青石质地，由整石打制而成，高0.36米。外部六边形，边长约0.33米；内口呈圆形，口径0.38米，井圈上檐口至井底深约4米。井圈外周各面刻有方框，每个方框内多雕刻花草图案，井圈上檐口布满了深浅不一的井绳摩擦痕迹。该水井附近地面于前些年用水泥浇筑。水井所在原为岁进士冯绳祖府第范围内，现四周为冯姓村民住宅。

天马山方井

位于玉环县楚门镇马山村天马山山脚北100号民居东，为清代所建。该井井壁圆形，由乱石垒砌而成，井深约4米。井栏方形，由4块宽0.7、高0.5、厚约0.05米的石板拼砌而成。井栏边上的地面于1999年被抬高，并用水泥硬化。该井井水以前是周边居民的饮用水源，现受周边环境污染，井水仅用来洗涤衣物等。周围居民在井栏的石板上凿洞穿插水管，用水泵管子从井里引水。

田岙冯氏古井

冯氏古井井圈外侧雕刻

天马山方井

彭家宅古井

彭家宅古井

位于玉环县楚门镇楚沙公路北面，应为清代所建。据村民介绍，该井已有几百年的历史，原为附近居民的饮用水源，现仅用于洗涤衣物等。该井圆形，井壁用乱石块垒砌而成，深约3.5米，井圈用花岗岩质整石打制而成，呈环形，内径0.55、外径1.05米，高约0.05米，该井井水充盈，长年不竭，水位较高，井栏有一定的风化磨损。2001年楚门工商所出资对其进行过修葺，井周边地面被加高，并用水泥浇筑硬化。

三退古井

位于玉环县清港镇前赵村三退45号民居附近，为清代所建。该井井栏由整石打制而成，略下宽上窄，圆形，高度0.27米。井栏上沿口磨损痕迹明显，内圆直径0.38、外圆直径0.58米。井壁用乱石圈砌而成，井深约9米，建筑占地面积约0.3平方米，水井周边的地面已用水泥浇筑。该井靠山而掘，井水甘甜可口，目前仍是附近村民的饮用水源。

三退古井

三退古井周围环境

丫髻古泉周围环境

丫髻古泉

位于玉环县楚门镇城郊丫髻山南山公园内，建于清末，1994年重修。古泉为山上开凿的一个小水坑，有泉眼，泉水味美甘甜。该古泉占地面积约5平方米，并被附近群众重修过，用乱石砌筑泉壁及周边，用水泥粘结。该古泉现处于干枯状态，井内积满泥沙和树叶。

泮氏古井

位于玉环县清港镇前路村医疗站后的空地上，建于清代。该水井为泮姓人家的饮用水井，是其祖上挖掘的。井壁用乱石块垒砌，深约5米，井口上盖以长1.5、宽1米的打有圆孔的木板，再于其上置井栏。井栏由整石打制而成，圆形，外径0.6、内径0.4米，高约0.25米。井栏已断裂成两块，井栏石材风化严重。该井目前仍是饮用水源，井边地面已用水泥硬化。

泮氏古井

高氏水井周围环境

高氏水井

中央屋高氏水井

位于玉环县清港镇樟岙村中央屋樟岙南路二巷7号民居的西面，建于清末。该井井栏由整石打制而成，略呈下宽上窄，圆形，高度0.36米。井栏上沿口磨损痕迹明显，内圆直径0.43、外圆直径0.6米。井壁用乱石圈砌而成，井深约8米，水井周边的地面已用水泥浇筑，建筑占地面积20平方米。该井靠山而掘，井水甘甜可口，至今仍是附近村民的饮用水源。

井头古井

井头古井

位于玉环县芦浦镇井头村井头街62号民居前，据附近村民反映，该井已有上百年历史。井深约5米，井壁圆形，由石头垒砌而成，井栏高约0.3米，由整石打制而成，花岗岩质地，呈圆形，略微下宽上敛，上口内径0.36、外径0.5米。此井曾经是附近居民的饮用水源，现为洗涤用水。原井栏上沿口有局部缺损、开裂。在附近道路硬化时，村民用水泥、砖块砌筑了高约0.2米的井栏，套放在原井栏上。

路上古井

位于玉环县沙门镇路上村。该处有两个古井，为清代挖掘，具体时间不详。其中西面古井的井栏为六边形，由整石打制而成，内、外廓均呈六边形，上沿口各边呈弧形下凹的曲线形，高0.36、壁厚0.1米，外廓边长0.31、内廓边长0.2米，井身由乱石砌筑而成，深约3米。井栏外壁六个面上雕刻有图案，但已模糊不清。

东面古井的井栏为圆形，由整石打制而成，略呈下宽上敛，高0.38米，上沿口外圆径为0.55米，内圆直径0.4米。井身由乱石砌筑而成，深约3.5米。水井附近的地面已被水泥浇筑。现两口古井仍为附近居民提供生活用水。

路上古井之六角井

圆井周围环境

路上古井之圆井

大山头道院桔井

桔井周围环境

大山头道院桔井

位于玉环县龙溪乡渡头村大山头道院内的吕祖殿前，历史悠久。吕祖殿的院门上有一副落款为民国元年阴历二月的石刻楹联"指迷特辟耆山路，寿世长留桔井香"，由此推测该井为民国以前所凿。另外，吕祖殿创始人汪明化生于咸丰七年（1857年），由此推知该井为清咸丰七年以后所建。桔井的井圈于早年修整，用水泥粉刷，高约0.24米，井的外口径约0.70、内口径约0.52米，井壁用块石叠砌，深约2.5米，水味清甜，久旱不竭。在井边的吕祖殿台基驳岸墙面上，题有"桔井仙泉"和舒白香的联句"一水印天心指月证三生之果，六根无我相饮泉清万劫之尘"。

泮池状元桥

泮池状元桥

位于玉环县玉城街道东门社区县
公安局大院内，建于清嘉庆八年
（1803年）。该桥原在孔庙内，
但孔庙早年被拆毁。为石梁桥，
桥面呈弧形，全长7.24、宽1.98
米，底部有4根方形石柱支撑承
托桥面，南北横跨于长约12、宽
约6米的泮池之上，整体建筑占
地面积约103平方米。桥两侧及
泮池四周均置石栏，栏板高0.45
米，多为素面石板，栏间石柱柱
头雕狮（"文化大革命"期间被
破坏）或者仰覆莲花。1986年3
月被玉环县人民政府公布为县级
文物保护单位。

田岙溇桥

田岙溇桥桥面

田岙溇桥

位于玉环县楚门镇田岙村上井头1号民居东南面（田岙路廊东北面），建于清嘉庆十二年（1807年）。该桥东西向横跨于田岙溪上，为五跨石梁桥，全长21.3米，桥面宽2.53米。河中筑4排桥柱，每排有截面呈正方形的石质立柱3根，立柱上置锁柱石，以承托桥面上的3排石梁以及嵌于梁间的两排石板。3排石梁的中间一排被打制成"凸"字形，两侧的石梁被打制成L形，将合适厚度和宽度的石板，嵌置在梁上横向凸出部分，使石梁承重。该桥侧面略呈弧形，桥北侧中跨石梁上阴刻"大清嘉庆十二年造"字样。据《玉环厅志》卷二的《建置志·桥》记载："溇桥，在田岙路廊上；涧桥，在田岙路廊下。"此桥为溇桥，涧桥已在前些年被拆毁。

靖海桥

位于玉环县玉城街道东门社区东城路北面（原厅城东门外），始建年代不详，于清嘉庆十八年(1813年)重建。该桥东西横跨于河上，桥面由5根长条石构成，并横架于乱石构筑的驳岸桥墩上，桥长3.8、宽2.55米，原桥栏板已毁，现用钢管构置。桥板北侧面上刻有"靖海桥"字样，南侧面上刻有"大清嘉庆十八年正月重建"字样。由于年代久远以及人为破坏，靖海桥的桥面条石有断裂的迹象。

靖海桥南侧刻铭

靖海桥北侧刻铭

靖海桥

水口石拱桥

水口石拱桥

位于玉环县大麦屿街道连屿村水口平水禹王庙前,据说建于清乾隆年间。传说在清乾隆年间,当时村民在此处建起了平水禹王庙,但庙前有一条溪涧,为方便人们进出庙宇,便请工匠在庙前的溪涧上用乱石建筑了该石拱桥,并在其上布以石阶梯。此桥一直被保留到现在,只是桥面上的阶梯现已用水泥浇筑。桥长10.9、跨径1.8米,高约2米,桥面呈北偏西30°。桥下溪涧为东南—西北流向。

平环桥

位于玉环县沙门镇白岭下村桐丽河上，建于清光绪四年(1878年)。桥两边拱圈石正中分别刻有"平环桥"和"大清光绪四年重建"字样。平环桥南北横跨于桐丽河上，桥两端所延伸的道路，原为玉环县和太平县（现温岭市）两地往来的主要通道，因此该桥得名为"平环桥"。平环桥为单拱石拱桥，由30多块石板及条石铺成，桥面镶边条石用铁耙钉连接固定。桥身厚度薄，最薄处仅约0.35米，桥体石材表面相对平整。桥身通长9.38、宽2.95米，桥身跨径近7米，桥下可行船，桥边尚有拴船石。桥上两边原有石栏杆、栏板，"文化大革命"期间被破坏。2004年3月被公布为文物保护点。

平环桥西北面刻字

平环桥东南面刻字

平环桥

西山石拱桥

西山石拱桥

位于玉环县玉城街道西山村呑里陈屿隧道口，建于清末。该桥东西横跨于溪涧上，为石拱结构，单拱，由乱石砌成。拱圈高约3.3米，跨度约3.9米，桥面宽约2.6米，拱圈至高点到桥面厚度约0.5米。桥面有以乱石铺砌的路面，与桥两端的路衔接。

桥头卷洞桥

桥头卷洞桥拱圈

桥头卷洞桥

位于玉环县大麦屿街道桥头村，建于清末。是由乱石卷底而成的双拱桥，横跨于溪涧上，为东西走向。桥身通长约11.3、宽约2米，桥身离水面约3米。拱呈一大一小状。大拱位于东面，跨径近4.9米；小拱跨径2.3米。该桥简朴大方，结构牢固，桥面仍保留着原有的泥土路面。

石角卷洞桥

石角卷洞桥拱圈

石角卷洞桥

位于玉环县楚门镇石角村，约建于清末。桥体单拱，拱圈用乱石砌成，桥面长12.6、宽1.85米，拱高2.8米，占地面积约23平方米。该桥因桥的做法和形状而得名，东西横跨于山涧上，主要为连接石角和大园两个自然村。

洞溪桥

洞溪桥

位于玉环县沙门镇水桶岙村，建于清代。《玉环厅志》卷二的《建置志·桥》记载："洞溪桥，在水桶岙"。该桥东西向横跨于洞溪上，为三跨石梁桥，全长10.7米，桥面宽2.2米。河中筑两排桥柱，每排有截面呈方形的石质立柱3根，立柱上置锁柱石，以承托桥面上铺设的石梁、石板。该桥侧面略呈弧形，桥北侧中跨石梁上阴刻"洞溪桥"字样。由于自然侵蚀和外力作用，桥梁板有一定程度的损坏。

樊塘田埂

樊塘

位于玉环县清港镇上凡村上凡塘，建于南宋宝祐年间。据传为当时进士樊汝舟所筑，后人念其筑塘成田的功绩，故以其姓命名为"樊塘"。现作"凡塘"，包括上凡塘、下凡塘等地。海塘依东西山体由南向北曲向围合，形成区域的面积估计有250余亩。现当地大量居民聚居于海塘周边，致使海塘被挖或被扩建成村道。目前残留的塘体长度近200米，为土构塘坝体，宽0.5至0.6米不等，且略高于两边水田，东西走向，弯曲，形似田埂，边沿长满杂草。

据《玉环厅志》卷十《人物志·文苑》载："樊汝舟《太平县志》，樊塘人。按樊塘即今芳杜。汝舟登宝祐丙辰进士，以文当纯粹，为时推崇， 未仕而卒。"

下湫斗闸

位于玉环县清港镇下湫村下湫庙西面，为清代所建。下湫斗闸所在是下湫最早围筑的一条海塘，后海塘被不断拓宽，现已被浇筑成了水泥村道，但斗闸还较好地被保留着，一直沿用至今。该斗闸用人工增减闸板的高度来调节水流量，控制东西两面河水。斗闸为石结构，闸槽用整石打制而成，上面铺有石板，闸板为多块叠加的木质闸板，建筑占地面积约12平方米。现斗闸被部分修改过。

下湫斗闸

盐坊行双眼斗闸

盐坊行双眼斗闸

位于玉环县清港镇芳斗村盐坊巷，建于清代。斗闸为石结构，并附建有桥梁，东偏北30°，西南横跨于河流上。斗闸建筑分布面积约242平方米，现为两眼，一直使用木闸板挡水。由于村级公路建设，该斗闸的构造已改变，并代之以钢筋混凝土结构，目前只能看到石质闸槽和小部分石块垒砌的驳岸墙体。

岭头路廊内景

路廊内石碑

小里岙岭头路廊

位于坎门街道双丰村小里岙岭头自然村岭头44号，建于清光绪十年（1884年）。小里岙岭头曾经是黄门、小里岙通往玉环县城的必经之处。建造该路廊是为过往行人提供休息及遮阳避雨之所。该路廊随路向趋于东西走向，东门朝向东偏北10°，建筑占地面积约36平方米。为木石结构，共用柱8根，柱与檩间均由斗拱衔接，沿内墙脚筑有长方实体坐台。据路廊内石碑记载，此为行客出资所建。碑文如下：

窃维天宽地阔王道无捷足之场车冶马烦征夫藉息肩之所驿亭之设由来久已我双庙岭头北接榴城南通□市东绵台郡西属瓯封峻岭崔巍虽属环山僻壤高山险阻亦系玉海通衢有客方念宿宿之地于时竟少止止之区宝继室卢氏于甲申十年暮春三月解囊以此筑亭于兹则关山难越庶几少住为佳为是为志大清光绪十年岁次甲申葭月谷旦乡宾林成宝仝继室卢氏勒石

钓艚岭路廊

也称"坎门岭头路廊",位于玉环县坎门街道坎门社区岭头村钓艚岭(原称"坎门岭"),建于清末。路廊为石、木结构,五架抬梁,六檩构架,屋顶硬山造,三开间,建筑面积约43平方米。双通门,南面的开口朝向为南偏东20°。该路廊所在的钓艚岭原为坎门陆路交通要道,岭上坡路均由石板铺砌成阶梯。该路廊北通坎门城区、里黄等地,南通钓艚、应东、东沙等地,在坎门地区对外商贸历史上发挥了重要作用。

路廊内景

路廊北门

双节坊石柱

石柱上刻联

厂房前的双节坊石狮

双节坊

位于玉环县大麦屿街道小古顺牌坊底村，建于清道光二十九年（1849年）。《玉环厅志》卷二《建置·坊表》记载："双节坊，在小古顺。为民人何宗选妻金氏、何宗魁妻林氏建。"又厅志中卷十二《列女志》载："何宗选妻金氏，小古顺人。年二十二，夫亡，守节，抚孤成立。何宗魁妻林氏，小古顺人。年二十六，夫亡，守节。建坊于村，道光二十九年，旌。"双节坊现存一根高3.6、边长0.3米的正方形花岗岩质石柱和两座小石狮。石柱朝向西南侧有一青石质楹联，上刻"钦旌两节坊表千秋"。两座小石狮，一个依然独坐石柱顶，另一个石狮被放在附近一座厂房门前。据说牌坊底村即因该双节坊而得名。

里岩金氏碉楼

里岩金氏碉楼

位于玉环县芦浦镇大塘村里岩
里念巷30号民居前，约建于清
代。碉楼门口朝西，为二层石木
结构，建筑占地面积约33.6平方
米。碉楼以小青瓦作两面坡顶，
墙体下墙上敛，由石块垒砌而
成，坚固厚实，墙面上分布有多
处射击孔和观察用的小窗户。因
年代久远，碉楼墙面开裂，未发
现修补痕迹。碉楼原附属的大院
建筑曾被拆建过多次。

西城路老街区

西城路老街区商铺

西城路老街区

位于玉环县玉城街道西门社区，为西城路的一部分，始建于清末。该段老街呈西北—东南走向，长约80米，宽约3.5米。因年代久远，老街不断有老房拆建，且遭多次火灾，现保留有清末至民国期间的老房子（商铺）十余座，均较破落。现街上仍有不少餐饮、副食品、宗教庙宇用品、传统手工艺品的店铺。

坎门中市街

位于玉环县坎门街道坎中社区，由于历年来鱼虾等海货贸易发达，也叫"虾仔街"，又称"后街"。这是玉环最主要的商贸老街之一，呈南北走向。据《玉环坎门志》记载，清光绪六年（1880年），坎门只有教场头街（今中市街西段）与坎门街（今钓艚岙的东西街）。街路两旁都是建于清末及民国时期的石木结构的房屋，二至三层不等，部分房屋墙体的外表面用水泥、糯米、沙石等混合材料粉刷，窗户周边有花草等雕刻装饰，室内木板雕刻图案精美。中市街66号店面房、陈式民居等三层式的石木结构都是比较典型的建筑。民国时期特别是1925～1930年间，随着坎门地区商贸业的发展，各类店铺、老字号商店逐渐迁移到中市街。中市街又延展解放路（解放前称"五权路"），两路贯通，市面繁荣，商店鳞次栉比，成为全镇商业荟萃中心。1941年，日本侵略军飞机轰炸坎门，中市街一带店铺几乎全部被焚，有些商店搬迁，商业萧条。解放后，中市街商业得以恢复，曾经与原来的后沙街、前街、日新街、解放路、工人路等构成繁华的商贸区。目前，在解放路和新大街之间的一段街区，有十几座店铺仍保存较好。

坎门中市街

中市街陈氏民居

中市街店面房

中市街陈氏民居

中市街店面房

楚门东大街

位于玉环县楚门镇东门村、谷水村两村村域内，约建于清末民国初，是楚门老城区内最繁华的街区。该街还保留有较多的清末至民国时期的建筑。东大街从东升桥至十字街，全长260多米，宽约5米。原街道东端向南折转两弯，通行不变。1985年，东大街裁弯取直，直通东升桥。原为方块石构筑的路面，近年被浇筑成水泥路面。沿街原主要有购销商店、土产日杂批发部、机械厂、财税所、银行等。目前破坏较为严重，部分房屋已拆除重建。

北面房屋

南面房屋

楚门东大街街区

楚门西大街街区

楚门西大街民国建筑

楚门西大街

位于玉环县楚门镇山北村、西南村两村村域内，约建于清末至民国初，是楚门城区内保存最好的老街区。该街区基本保持着清末至民国时期的建筑，并与东、南、北三条大街汇集成"十"字街，大小街道和巷道构成"井"字形，四通八达。西大街从十字街至人民路全长250多米，宽约5米。原为方块石构筑的路面，于近年被浇筑成水泥路面。

肆

石窟寺及石刻

石窟寺是指就着山势，从山崖壁面向内部纵深开凿的古代古代庙宇建筑，以佛教为主，也有少量其他宗教内容的造像。它为研究我国宗教思想史、雕塑史绘画以及古代建筑、社会习俗、服饰、音乐等各方面的历史提供了形象资料。石刻是指运用雕刻的技法在石质材料上创造出具有实在体积的各类艺术品。石刻的门类很多，形式也多种多样。具有如下条件之一的可认定为石窟寺、石刻：洞窟尚存，无论保存程度如何；石刻本体尚存，无论保存程度如

何；石窟寺、石刻迁移，新迁址占有独立地域范围。石窟寺及石刻可分为石窟寺、摩崖石刻、碑刻、石雕、岩画及其他石刻等6小类。

目前，玉环已发现并登录石窟寺及石刻类文物15处，其中摩崖石刻1处、碑刻10处、石雕1处、其他石刻3处。

《纪恩诗》摩崖石刻

位于玉环县芦浦镇道头村寿星山东坡崖壁,刻于清道光二十六年（1846年）十二月,宽约2米,高约3米,全诗共270字。《纪恩诗》是1845年玉环厅同知徐荣受道光皇帝召见后所撰。1981年被公布为县级文物保护单位,2010年推荐申报省级文物保护单位。

录文如下:

道光岁乙巳　秋八月丙辰
浙江玉环厅　直隶同知臣
徐荣奉召见　稽首今圣人
垂问年与籍　次问所出身
次问玉环地　及此环山民
臣再稽首对　地处温台滨
雍正五年前　弃之于荆榛
臣卫臣坦熊　垦复招徕勤
厥里七百余　廿二都以分
海山各星列　巨浸青嶙峋
东至日所出　实通日本津
设饷捕同知　训导巡检并
移乐太盘兵　设水路两营
为温台藩篱　而海警以清
其民甚厚朴　所食皆自耕
三时亦讨海　耕海以为生
食乃薯之丝　人丝而畜茎
帝乃俞嗟哉　念我民苦贫
汝往教之俭　忠孝让与勤
未能使无讼　理解平其情
翦剔首强暴　无俾扰我氓
令我诸赤子　永以享太平
臣再稽首谢　圣训详谆谆
皇极锡五福　一语穷檐春
峨峨玉环山　玉环海壑沦
山海有穷极　圣泽垂无垠
大书麓之崖　道路千秋遵
道光二十六年十二月
赐进士出身浙江温台玉环同知
汉军臣徐荣谨撰并书

《纪恩诗》摩崖石刻

《纪恩诗》摩崖石刻局部

《圣训诗》石刻远景

《圣训诗》石刻

《圣训诗》石刻

位于玉环县玉城街道西山村的牛脊岭（又名石牛岭）上的山间石路旁，刻于民国十年（1921年）。《圣训诗》被刻在一块长约5.5、高约1.5米的牛背形大石块上，名曰"牛脊石"（"牛脊岭"亦因此得名），石刻面朝西北方向。《圣训诗》为阴文楷体直书，字体优美，雕刻工整。2004年1月被公布为县级文物保护单位。

《圣训诗》来源于清道光二十五年（1845年）玉环厅同知徐荣受道光皇帝召见后所撰的《纪恩诗》。原诗刻在玉环县芦浦镇道头村寿星山麓，文字与原诗基本相同，只是个别字句有出入。录文如下：

道光岁乙巳　浙江玉环厅　徐荣奉召见　垂问年与籍　次问玉环地　臣再稽首对　雍正五年前　臣卫臣坦熊　厥里七百余　海山各星列　东至日所出　移乐太盘兵　为温台藩篱　其民甚愿朴　三时亦讨海　食乃薯之丝　帝曰俞嗟哉　汝往教之勤

秋八月丙辰　直隶同知臣　稽首今圣人　次问所出身　及此环山民　地处温台滨　弃之于荆榛　垦复招徕勤　廿二都以分　巨浸青嶙峋　实通日本津　设水路两营　而海警以清　所食皆自耕　耕渔以为生　人丝而畜茎　念我民苦贫　忠孝俭让并

未能使无讼　剪剔首强暴　念哉万赤子　臣再稽首谢　皇极锡五福　峨峨玉环山　山海有穷极　大书磨之崖　赐进士出身浙江温台玉环同知　汉军臣徐荣谨撰并书

理解平其情　无俾扰我岷　永以享太平　圣训详谆谆　一语穷檐春　玉环海壑沧　圣泽垂无垠　道路千秋遵　民国岁辛酉端月丙午重整

塘厂禁宪碑

塘厂禁宪碑

塘厂禁宪碑

位于玉环县龙溪乡塘厂村村委会办公楼，为明朝石碑。早期被村民当作石料用，近年才被发现，现被重新竖立在村委会办公楼南面。但被打了4个孔，且磨损严重，碑刻字迹十分模糊，隐约能见"台州府"、"太平县"、"大明"等字样。该石碑花岗岩质地，通长1.4、宽0.62米，厚0.12米。

朝阳堂

朝阳堂石碑

位于玉环县大麦屿街道横坑村朝阳堂内，为清道光十六年（1836年）石碑。朝阳堂建筑为近年来新建，坐东朝西，在此原有一条北通玉环、南通鲜迭的古道经过，并建有朝阳路廊。路廊内有两块石碑，其中一块已消失，保留下来的是清道光年间的石碑。该石碑长1.1、宽0.66米，厚0.1米。录文如下：

特授温台玉环饷捕分府张为

晓谕遵例报升以裕国课事本年十月十七日奉

布政使司□ 宪扎内开照得民间开垦山头地角及垦复原荒田地例应随时报升前奉

谕□各直省官荒田地□节认真查勘已垦升科未垦者召佃勒限清产如有吏民搞违把持州县台玩隐匿据寔严□重处等因当经扎饬查取册结详情

题报升科殊属玩违合为迩来扎到立即遵照查明已垦者刻日造具户亩科则册结由府加结详司以凭核详 题升颁照执业未垦者出示召佃以杜隐匿倘查有棍徒恃蛮霸占不容报升立即从严惩办毋玩延数千查□禀之切速等因到府奉此除谕饬垦书协同公知峟长确查并山头地角不成坵段以反二三亩不在报升之例外合行出示晓为此示仰合属绅士军民自示之后尔等如有在山开种地亩已久成熟塘田涂地若干亩分开明赴案呈报丈升明确绘图结单升报详请

题升倘最仍前隐匿不报希图脱漏粮额一经查出定□例隐匿田粮治罪各宜凛遵毋违　特示

道光十六年拾月 廿八日给

告示

朝阳堂石碑

济理寺奉宪勒碑

位于玉环县楚门镇筲岗村牛角坑济理寺内（原永福堂），为清道光二十二年（1842年）的石碑。该石碑原本立于济理寺内。1958年建造牛角坑水库时，济理寺被拆。后来永福堂改名为济理寺。石碑青石质地，通长1.17、宽0.59米，厚0.06米。碑因外力作用已断成多截，被拼接成整碑立于院内。录文如下：

奉宪勒碑
持授温台玉环饷捕分府加五级朱为
给示谕禁事据小竹岗济理堂僧德通呈称该寺历置产业日久恐
有荡废呈求示禁等情查该寺田地山场前经提讯饬承注册永杜
盗卖在案合作论谕为此示仰合属居民人等知悉尔等如有贪
图便宜承卖济理堂寺产局书既不推粮其所给契价作不准论倘
该寺僧一有盗卖情事立即究逐以保久远各宜凛遵毋违特示
道光二十二年四月　日给

济理寺内奉宪勒碑

济理寺

镶嵌于天后宫内的奉宪勒碑

天后宫奉宪勒碑

此碑嵌于玉环县坎门街道坎门社区东街97号天后圣母宫东墙，为清同治六年（1867年）石碑。清代由于当地渔业繁荣，坎门钓艚岙内的船只进出频繁。有弁兵对船只进行敲诈收费。时任浙江温台水陆总镇的朴勇巴图鲁吴，于同治六年出示谕禁，规定有货之船收号钱五百文，无货不收。并勒石于天后宫前。奉宪勒碑通长1.5、宽0.75米，厚约0.12米。"文化大革命"期间，该碑被弃置于海滩，当地渔民将石碑搬回至天后圣母宫内。后来天后圣母宫修建时，该碑被嵌于东墙上。钓艚岙的天后宫（也称"天后圣母宫"）是坎门地区最早建成的供奉妈祖的庙宇。清雍正十年（1732年）修撰的《特开玉环志》已有记载。

天后宫

多宝院石碑

位于玉环县沙门镇瑶坑村中央段多宝院前，刻于清光绪十五年（1889年）。《玉环厅志》卷六《祭祀志·庵》记载："多宝堂，在桐林瑶岙坑。明时建。"多宝堂曾多次遭到破坏、损毁。目前，当地百姓集资在原多宝堂的地基上，重建了一座三开间的小建筑，取名"多宝院"，并在院门内侧重新竖立了清光绪十五年的石碑。该石碑青石质地，字迹清晰，通长1.57、宽0.76米，厚0.08米，记载了院产的归属事由。录文如下：

钦加运同衔温台玉环饷捕理民府胡为

给示勒石永禁事按据桐林庄僧静满捏控霸管堂务等因并据僧从悟以逆徒荡产等情一案当经集讯明确即将静满掌责驱逐着生员邢炳芳协同岙长查明多宝院尚有田地若干禀□给示勒石在按兹据邢炳芳拈抄员禀前来除批示外合行给示谕禁为此示仰合庄士庶人等知悉所有多宝院现存产业及典当田地仍归该寺设法取赎按照后开（土毛）号亩分坐落土各处所永远管业毋许该院僧人私行当卖亦不准外人特强干预堂务自示之后如敢有违禁令定即提案宪办决不姑宽其各禀遵毋违特示

共计田一十六亩零地一十七亩零山四亩 堂基三亩零

大清光绪十五年岁次己丑十二月日建

开基和尚山融

创业和尚授见岁

奉示勒石住持僧从悟

邢炳芳勒石一条工洋四元

石碑周围环境

多宝院石碑

岭头观音堂公示碑

位于玉环县大麦屿街道岭头村观音堂内。此处原有岭头路廊，矗立着两通清代石碑，一通刻于清光绪二十年（1894年），另一通刻于光绪三十四年（1908年）。两石碑均为长0.93、宽0.6米，厚0.1米。后来路廊被拆除，两通石碑就被移放到近年修建的观音堂内，并被镶嵌在围墙上。两通石碑分别记载了"地方夫役欺行霸业"、"私开烟馆窝、匪类以及宵小偷窃行为"等有关禁令及处罚规定。录文如下：

一、光绪二十年碑文

奉宪严示

钦加三品御即补府截取同知署理温台玉环理民府余为

出示严禁事照得小轿夫头林标叠被指控业经谕革提究一面饬选□保候验充在案兹据二段各岙□耆以夫头违章扰害业经 康前府示禁立碑该夫头林标复敢多方诈扰叩赏示禁等情一再公呈前来查轿脚夫役人等特强勒价分段奇定为间阎之害况经 康前府示禁立碑有案自应俯如所请循旧禁止除批示外合行示谕严禁为此仰合属居民以及夫役人等一体知悉自示之后如有婚丧之家所需鼓吹夫役悉听居民自雇不许□夫役等时强勒价倘有阻扰之徒仍敢再蹈前辙许即指

名禀府以凭立提重究决不姑宽其各凛遵毋违特示推头后之为　府尊者须　体　康前宪兴予之志毋易是禁马可矣

光绪二十年五月初三　　日给

告示　青塘　仰天湖　陈岙　绅士林中祺等立

二、光绪三十四年碑文

告示

钦署衔赏戴花翎抚院营务处提调署温台玉环理民府徐为

出示谕　事据仰天河耆民林崇吉周森记熊有广等呈称□等地方每赖耕种养家□地内无赖之徒私设烟馆窝□匪类□□沿门乞食夜间偷窃无论早禾晚谷蕃茄树木豆麦草□无所不偷偷被遇□即装病诈死图赖又有恶丐强讨勒诈钱米稍不遂意敲门撞壁滋闹不休种种扰害金请示出严禁等情到府据此查烟馆早经严禁岂容无聊之徒违禁私开窝留匪类殊属胆□除批饬查禁究外合行出示谕禁□此仰该处居民人等知悉自示之后如再有私开烟馆窝□匪类以及宵小偷窃地内禾茄树木恶□□讨图赖情　经指告的实定即提案从严究办决不姑媳各宜凛□毋　切切特示

光绪三十四年三月十五日给　　实贴该处

观音堂"奉宪严示"碑　　观音堂"告示"碑

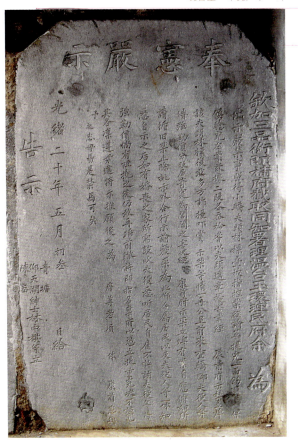

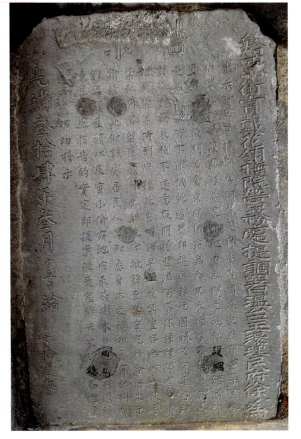

125

西方庵奉佛传灯碑

位于玉环县海山乡抛西村西山垄西方庵内，为民国六年（1917年）石碑。该石碑为西方庵开基僧所立，题为"奉佛传灯"。石碑通长1.18、宽0.58米，厚0.12米。石碑因人为破坏已裂成6块，中间有所缺失，现被拼接，并于边上重整了一块"奉佛传灯"碑，袭旧碑所载。

西方庵奉佛传灯碑残碑

泗头路廊奉令勒碑

位于玉环县清港镇凡宏村后塘里泗头路廊内，为民国七年（1918年）六月所镌刻。路廊南北走向，碑砌于西墙内。碑刻内容是为了解决下洞塘、九眼塘、海狮塘等河流的斗闸控制水位问题，就如何及时排涝、确保农田灌溉等达成的协议。并刻石碑放在路廊里，告于世人。石碑内容涉及现在的凡宏、盐业、下凡、凡海等村。该石碑青石质地，通长1.3、宽0.6米。录文如下：

玉环县布告第十七号

为出示布告事案据楚门绅董叶佩墩禀请窃海狮塘塘首苏其忠等控九眼塘塘首王舜灿汪昌德等水平加高有碍放水一案□令唐警佐勘验并饬警提讯在卷适量因公晋城两造俱来求理董即出为理明所有彭岙墩之斗闸下面水平将西边乱石捞开中央仍用石条候下洞塘与上下两塘塘首酌定水平不高不低其河水由水平上出水□可上流下接通入下洞塘若遇天旱时候由下洞塘斗门准其放水分水养苗□海狮塘及各小塘田禾均可无碍两边均愿听理具结息事理合据实禀明求恩吊销以息讼端并求批准勒石以垂久远免得后人争执诚为德便并富呈该塘图志等情据此除批示照准外合行出示布告为世示仰海狮塘塘首苏其忠九眼塘塘首王舜灿等一体遵照各息争端竝准勒石永示□垂久远毋违切切特此布告

中华民国七年六月　　日知事江恢阅

楚门城隍庙福佑社碑记

位于玉环县楚门镇东门村楚门城隍庙内，名为《福佑社碑记》。有两部分内容，一部分是楚门蒲田岁贡生戴尧仁于清光绪三十一年（1905年）撰写，另一部分为里人徐同恩于民国十三年（1924年）撰写，记载当地民间组织福佑社祭祀及人员等事宜。该石碑青石质地，通长1.3、宽0.69米，厚0.07米，被镶嵌在大殿前南边的墙上。石碑曾被当作石料用，被钻了12个孔洞，致使部分文字缺失。录文如下：

福佑社碑记

盖闻礼仪详于祭法祀典肇自虞书心香□食主祭则百神是享春祈秋报顺时而八蜡乃通苟非集脯以成裘不免临渴而掘井恭维楚门

威灵伯相传前明　信国公殿宇建乎城东香花盛于江北有□必应无祷不灵兹者九月十四良辰恰逢□尊神千□寿旦于是会同□友议一□图各□□囊襄成宴会纠人则十有六助银各计四□司会则社友轮流经管则同人酌举□余毋私于一己子母必权诸也人其以福佑为名亦必有说福之音通于辅辅众人共入孺林佑之义

取于助助同社咸臻寿域欣此日灯红酒绿听梨园菊部之声原他时人寿年丰荷甘雨和风之乐后开姓氏更列规条谨启

光绪三十一年九月上浣　同社葵堦戴尧仁薰沐拜撰

永福花　叶佩璈　叶唐封　叶子亮　马福恒

永康花　赵启辰　童□民　蔡□霖　陈福载

永寿花　耿灿东　源和□　王子寿　沈義顺

永宁花　戴尧仁　徐永兴　余天元　马学□

社友十六人编列福寿康宁四柱每年须挨轮管理簿记祭祀定于寿旦陈其俎豆择值柱年长者主之各柱与□银钱除费用外每年盛余轮交存典生息如有成□置产设酒肴□席各社友暨乐助者得于十四申刻□庙宴饮

张士铨助银三十元　吴震升助银二十元　韩邱氏助银一百元

实产取赎店屋二间坐本□正□□□财神庙前　崑字三百七十三号下田□亩□零坐本庙后　崑字三百八十六号下田七分零坐本庙前

中华民国十三年岁□甲子九月下浣　谷旦

里人惠南徐同恩沐手敬书并篆额

楚门城隍庙

楚门城隍庙福佑社碑

筏头修路碑

筏头修路碑

位于玉环县清港镇后排村村口，为民国十四年（1925年）的载事石碑。石碑花岗岩质地，高1.1，宽0.7米，厚0.08米。石碑于村口靠墙而立，风化磨损严重，但碑上镌刻字体依稀可见，主要记载了筏头路况差及乡里出资修筏头路的有关事项。录文如下：

盖闻道路通衢 固宜曲者直之 倾者葺之 如我筏头之路 向来海坭填塞 有土无隔 每逢雨天 往来行人受困不少 由是里人黄得喜常念于此路倪仝 弟得隆 外生礼方向地上捐资 搬运石版 遣工修葺 率匠砌铺 以免行人之艰辛 各乐助资爰 志其石云尔

（捐资者及数额1格）

中华民国十四年岁次乙丑十二月 吉旦

黄家开山祖坟前的4根旗杆

上青塘进士夹杆石

位于玉环县大麦屿街道上青塘村，为清嘉庆十八年（1813年）所立。又叫"旗杆石"。该处共有夹杆石6对，其中2对立在黄家门口，另外4对立在村口黄家开山祖茔前。每对夹杆石均由2块花岗岩质石牌合成。石牌高 1.6、宽0.38米，厚0.14米，上、下部各凿有空洞，用来固定旗杆。据牌石上铭刻考证，这些夹杆石是黄宗灏在中进士后，荣归故里时为告慰先人而建。2004年3月，上青塘进士夹杆石被公布为县级文物保护点。

上青塘进士夹杆石

进士夹杆石上的刻铭

楚门石狮

青石质地，雌雄各一个，为清光绪十一年（1885年）的石雕，现摆放在玉环县楚门镇西南村南大街楚门人民剧院门口。两座石狮原置于楚门西门大帝庙前。解放后大帝庙被毁，石狮在"文化大革命"期间遭到损坏。1972年前后，石狮被搬到楚门剧院门口，而原本配套的基座和石鼓等至今仍堆放在楚门镇山北村的一座水井旁。两座石狮均由整石雕刻而成，高1.30米，身围1.85米，雕工精美，造型古朴逼真。雄狮右前肢踩着一个绣球，雌狮左前肢抚着一只仰脸作玩耍状的小狮。

1981年7月，楚门石狮被公布为县级文物保护单位。

楚门雌狮

楚门雄狮

少霞洞

又称"仙人洞"，位于玉环县玉城街道西溪社区中山岭。据传仙人张少霞曾居此炼丹，故名。少霞洞原是玉环山的风景名胜之一，《玉环厅志》有多处提及，并有多篇以该洞为题的古诗词。该洞由多块大石头叠压而成，洞高不过2米，深约1.5米，在洞口石壁上还依稀可见"少霞洞"字样。原洞里供有香火，目前，附近居民在洞边上建起了一座小庙。

据《玉环厅志》载："西青岭半岭有花粉宫，林泉幽胜，夏日清凉。旁有四到亭，最西千仞冈、双凤溪、万年藤、玉蟾池、白龙漱、芝药圃、蒲团峡、捣药臼、长哨台……至晚清，诸胜湮没，仅遗仙人洞古迹，其貌亦多改观。民国期间曾拨款植树栽花，筑亭修路，并设中山林管理处。解放后，石匠在此开山采石，昔日风景全圮。"

少霞洞

少霞洞刻字

近现代史迹和代表性建筑

伍

近现代重要史迹及代表性建筑，是指民国以后的、具有标志意义或典型意义的不可移动文物，例如与历史进程、重要历史事件、历史人物有关的史迹与代表性建筑的本体尚存，或者有遗迹存在；具有时代特征，在一定区域范围具有典型性、在社会各领域具有代表性、形式风格特殊且结构和形制基本完整的建筑；为纪念重要历史事件或人物而建立的建筑物、构筑物。

玉环已发现各类近现代重要史迹及代表性151处，其中重

要历史事件和重要机构旧址2处、重要历史事件纪念地或纪念设施3处、传统民居35处、宗教建筑3处、名人墓4处、烈士墓及纪念设施7处、工业建筑及附属物10处、金融商贸建筑 8 处、水利设施及附属物11处、文化教育建筑及附属物2处、医疗卫生建筑1处、军事建筑及设施16处、交通道路设施17处、其他近现代重要史迹及代表性建筑32处。本书收编了其中的114处。

坎门验潮所全景

办公用房

参考点

252号一等水准点（原点）

水准点禁毁标识

验潮井

坎门验潮所

位于玉环县坎门街道灯塔社区鲳鱼吞（又称"平石吞"），分布面积约2000平方米，现为坎门海洋环境监测站。此处有一条东北—西南走向的陡壁的海蚀冲沟。验潮井跨于西北侧约5米冲刷沟上，自下而上高约11米。验潮房东南向最外侧横斜着一条隆起的黄海标高8～10米的山脊，能挡住台风期东南向风浪冲击，是天然防波堤。

坎门验潮所始建于1928年5月，1929年基本建成，1930年5月正式验取潮汐资料。1933年，国民政府陆地测量总局在此设立国家一等水准点，即第252号水准点，也称"坎门标高"。1934年10月确立"坎门高程"基准面，1936年1月开始正式启用"坎门零点"，并引测到全国17个省市，应用于军事测图。1939年6月日寇侵犯坎门，验潮所被荒废。1957年，海军东海舰队对验潮井进行修建。1959年，我国首次向世界公布"坎门高程"的精确数据。坎门验潮所的观测资料被应用于军事、海洋、测绘、港口工程、基础科学等各领域的研究。坎门验潮所被国家文物局列为2008年全国文物普查重要新发现，2009年申报第七批全国重点文物保护单位。

250号水准点

位于玉环县玉城街道西溪社区凤溪路边，建于民国二十二年（1933年），与坎门验潮所的"252号一等水准点"的形制相仿。该水准点标志十分精致，柱石用天然岩石琢雕而成，标志上有青石盖板。盖板方形，长0.7、宽0.68米，上面刻有"测量总局"、"第二五〇号"、"一等水准点"、"民国二十二年"字样。由于盖板破裂，现被置换为水泥仿制盖板。标志旁边还竖着刻有"禁止毁坏"字样的石碑。250号水准点是坎门零点及坎门验潮所的重要组成部分。

250号水准点环境

250号水准点

坎门天文点标志

坎门天文点南、西面刻字

坎门天文点遗址

位于玉环县坎门街道坎门社区钓艚后舵仔山上，建立于民国二十六年（1937年）。1933～1937年，国民政府陆续在全国14个省市设置20个一等天文点，坎门天文点就是其中之一。由于人为原因，该点已遭到很大破坏，现保存有国民政府陆地测量总局于1937年设立的天文点测量标志。该标志用混凝土制成，建筑占地体积约0.15平方米，露出地面高度约0.65米。标志顶部呈台形，在4个斜面东南西北方向分别刻有"民国廿六年建、天文点、参谋本部、陆地测量总局"字样。顶端平整，原有一个直径约0.03米的半球体白色瓷质中心点，中心刻有细小的十字丝。

目前，该天文点已被列入中国77个天文景观点，并再度被确立为全国测量的起算点和校核点。

大鹿岛知青点

位于玉环县大鹿岛风景区小鹿岛北面中麓地势平坦处，建于20世纪50至70年代。1963年秋，刘富贵、陈高才等怀着"绿化祖国、建设海岛"的雄心壮志踏上大鹿岛。当时的大鹿岛到处是悬崖峭壁和乱石杂草，知青们经过艰苦奋斗，建立了国营大鹿山苗圃。20世纪60年代末，部分知青被安排到大鹿岛，进行海岛绿化。1971年，玉环坎门、楚门两地的11名男女知青踏上大鹿山岛，投身苗圃，并对大、小鹿岛6200多亩的可造林进行绿化，使原来的荒岛变成了有140余种、30多万株树的海上森林。

知青居住点的建筑主体尚存，建筑分布面积约1000平方米。知青到达岛上后，开始时多是居住在岛上遗留的解放军营房内，营房由乱石垒砌而成，三幢单层，共13间。现已无人居住。

水窖

知青点住房

披山知青点近景

残存房屋

披山知青点

位于玉环县鸡山乡披山村披山岛上，建于20世纪六七十年代。60年代末，部分玉环知青被安排到了披山洋上的披山岛和小披山岛，进行海岛绿化。目前，披山上麻黄树等植被郁郁葱葱。该处有房屋约6幢，建筑面积约3000平方米，坐北朝南，依地势而建。石结构，墙体由乱石垒砌而成，坚固厚实。房屋因长期无人管理而坍塌，尚可见残垣断壁。

小披山知青点

位于玉环县鸡山乡披山村小披山岛上,建于20世纪六七十年代。60年代末,部分玉环知青被安排到了披山洋上的小披山岛,进行海岛绿化。如今的小披山上,麻黄树等郁郁葱葱。该处有房屋3幢,建筑面积约1600平方米,坐北朝南,依地势而建。石结构,墙体由乱石垒砌而成,坚固厚实。房屋因无人管理而坍塌,仅见残垣断壁。

知青点中间幢房屋

小披山知青点废弃水井

阶梯

影壁

五角星灰塑

坎门文革遗址

位于玉环县坎门街道振兴社区金辉机械制造厂的北面山坡上，建于20世纪70年代，遗址面积近200平方米。据当地群众介绍，在"文化大革命"期间，新旧两派武装争斗，致使大量人员伤亡。新派在该处建成烈士陵园，后来旧派取得胜利，旧派人员用炸药将该处墓穴炸毁。现在该处建造了公房。拾级而上50余米，便可看到"将革命进行到底"的标语和五角星灰塑等具有时代特征的遗迹。

普安灯塔

据《玉环坎门志》记载，民国二年(1913年)，史火顺在东汕头小屋用桅灯给来往船只打信号，首创玉环简易航标，历时12年。民国十四年(1925年)，钓艚叟人支鸿基集资，在东汕头建起普安灯塔。普安灯塔位于玉环县坎门街道东沙社区东沙头的山冈上，又名"东沙灯楼"。灯塔东、南、西三面临海，西南方与南排山岛隔海相望。灯塔为水泥砖石结构，塔高5.55米，由上下两部分组成。下部为高2.6米的四棱台体塔座，底面近似正方形（长3.46、宽3.36米）；上部由4层六边锥形体组成高2.95米的塔身，塔灯安装在最顶端。2004年1月，被玉环县人民政府公布为县级文物保护单位。

普安灯塔

普安灯塔上的文字

西跳灯塔

位于玉环县海山乡大青村西跳西端，建于解放初期，是大青岛、应公岛和应婆岛等岛屿的主要航标。该灯塔为下宽上敛的圆台形，塔身由块石垒砌而成，墙体厚约0.4米，坚固厚实。底部外廓圆直径2.4米，建筑面积约5平方米，高约4.8米。西跳灯塔一度被有关部门修葺，在外面粉刷了一层白灰，照明设施也更换，安装了太阳能装置。

鸡公山灯塔

位于玉环县鸡山乡洋屿村鸡公山顶，建于20世纪60年代，是鸡山本岛、大鹿岛、洋屿岛等岛屿的主要航标。该灯塔为下宽上敛的圆台形，由块石垒砌而成，墙体厚约0.45米，坚固厚实。建筑占地面积约3.2平方米，底部外廓圆直径约2米，高约5米。该灯塔一度被有关部门修葺，在外部粉刷了一层水泥，照明设施也更换，安装了太阳能装置。

鸡公山灯塔

牛脊岭路廊

碑刻

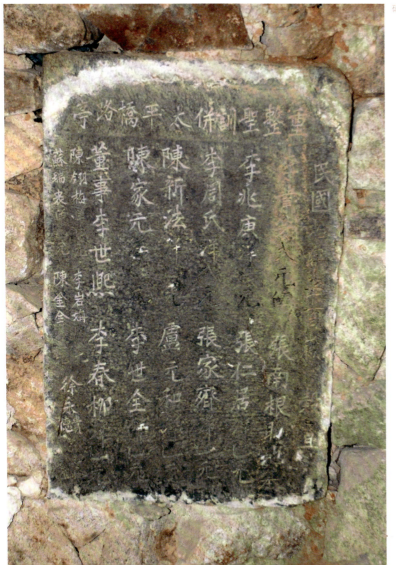

牛脊岭路廊

位于玉环县玉城街道西山村牛脊岭上，建于民国十年（1921年）。路廊坐北朝南（南偏东20°），为石、木结构，五檩构架，规模较小，建筑占地面积约15平方米。该路廊后墙上镶嵌了一块民国期间烧制的砖碑，上面刻有修建该路廊的组织者和出资人的名字、金额等。该路廊坐落在鲜迭通往玉城的山道边，曾起过相当重要的作用。目前山道已很少有人行走，路廊也随之荒废。

采桑岭头路廊

位于玉环县芦浦镇百丈村采桑岭头（此岭是芦浦镇及玉城街道的交界岭），建于民国二十一年（1932年）。路廊所坐落的山路为东南—西北（东偏北40°）走向，东北面通往尖山、百丈及芦浦等，西南面通往采桑、县城等地。路廊墙体用乱石垒砌而成，五檁构架，建筑占地面积约34平方米。路廊内仍立着一块民国三十四年（1944年）中秋月立的石碑，上面记载了建造该路廊的建造背景、人员、资金等，以告示过往百姓。

檐口

路廊内景

采桑岭头路廊

坎门岭

也称"钓艚岭"，位于玉环县坎门街道坎门社区和后沙社区的连接处，建于民国时期。早期在陆上交通不便、路况较差的时候，钓艚岙商品与玉城、楚门、温岭各地贸易及生活往来等，必须经过该岭，因此在岭头建了路廊，以供来往行人休息。钓艚岭全段有百余级台阶，均由坚固厚实的石板铺砌而成。该岭路段呈南北走势，分布面积约1200平方米，目前保存较好，仍是坎门、应东、东沙等地通往玉环县城的主要路线。

大山头路廊

位于玉环县楚门镇龙王村丫髻山南山公园内，建于民国时期，具体时间不详。路廊为石结构，建筑占地面积21.5平方米。墙体用乱石垒砌，并用黄泥、石灰、砂等混合物粘结而成，顶部架设石梁，并用石板铺砌。路廊东西向开置双通门，东通山后浦及楚门等，西通龙王村、渡头村等。大山头路廊已于早期被修建，墙面被抹上水泥砂浆并刷上白灰。

路廊内景

大山头路廊

路廊内景

龙头岭路廊

位于玉环县清港镇垟根村龙头岭,与楚门镇东西村交界的山岗上,始建年代不详,现存的为20世纪50年代风貌。路廊坐落于一条东北—西南走向的山路上,路廊西南门朝向西偏南20°,建筑占地面积约42平方米,为石、木结构,五檩构架,墙体用乱石垒砌而成,并用黄泥、砺灰等混合物粘结。路廊东北面通往垟根、樟岙等地,西南面通往东西村、马山等地。近年来,部分地方被村民用水泥砂浆作加固处理。

龙头岭路廊西南门

道头深浦岭头路廊

古道→

拱门

道头深浦岭头路廊

位于玉环县芦浦镇道头村深浦岭头，最早建于清末。路廊坐落在古道上，其西南接玉环城关等地，东北通芦浦、楚门半岛等地。因早时在深浦设有渡口，通往楚门及其他周边地区陆路多要经过此处，再到渡口摆渡过漩门。路廊于1973年重修，面阔一间，进深三间，建筑占地面积48.95平方米，双通门，石结构，墙体用乱石垒砌而成，顶部在长条石石梁上以平铺石板盖顶，并以4根八棱柱形花岗岩质石柱承重。在路廊西北墙面筑有佛龛供奉佛像，沿着内外墙脚建有多处座凳，以供行人休憩。在路廊东北面约5.6米处建有一道石墙，并置拱门。

大观音礁路廊

路廊内景

大观音礁路廊

位于玉环县干江镇白马岙村大观音礁自然村，现存路廊约建于20世纪50年代。路廊的墙体由乱石垒砌而成，双通门，两坡顶，门外墙上多塑有五角星，建筑占地面积约22平方米。该路廊所在的山路为南北走向，北通东渔、断岙等地，南通白马岙。白马岙是一个小渔港，原先南北两地人们的往来多必经此地。

中岙码头全景

羊角山水渠抽水机房

中岙码头

位于玉环县鸡山乡披山村中岙自然村，约建于20世纪40年代。该码头规模较小，建筑占地面积约15平方米，依势而建，于一块由东向西外延入海水的岩石上开凿、砌筑台阶，建造栓船柱而形成的，现在依然保存完好，仍一直被当地群众使用。但随着生产生活的发展需要，在该码头的西北方向岙口外建造了一个大码头，又因码头周边石滩的堆积，该码头现仅有一些小船停靠和上下货物。

羊角山水渠

位于玉环县楚门镇东西村南面的羊角山周边，是1966年由原楚门区田马公社修建的排灌渠道的一部分，附近的大部分农田多通过该水渠进行灌溉，并以羊角山西面的河流为主要水源。仅东西村境内就修建有2000多米长的渠道，原受灌溉的农田有300余亩。水渠及其配套建筑为石结构，建筑占地面积约3500平方米，仍保持良好。近些年，仍有部分渠道用于农业灌溉。

漩门大坝

位于玉环县芦浦镇漩门村与龙溪乡渡头村交界处，建于1977年。漩门大坝为堆石坝，长144、高50米，顶宽10米（现拓宽至12.5米），坝体走向北偏西30°。此处口岸水深流急，漩涡成串，历史上沉船死人屡有发生。因此，堵塞漩门成为玉环数代人的愿望。1976年2月，县人民政府应群众要求，采取立堵为主，平堵为辅的方法抛石截流。1977年5月23日，大坝顺利合拢。漩门大坝的建成，把玉环岛与楚门半岛连接起来，是玉环历史上具有里程碑意义的大事。

漩门港堵港促淤工程胜利竣工（1977年10月）

漩门大坝

泄水闸

水渠

控制闸

海山潮汐电站

位于玉环县海山乡南滩村，建于20世纪70年代初。该电站设上、下库，为全国最早的双库单向全潮蓄能蓄资水电站，分布面积0.3平方千米。20世纪70年代初，当地的海山公社为解决海岛用电问题，自筹资金，在南滩村建45千瓦单库、单向潮汐电站。1972年初开工建设，1975年9月建成。目前，该电站装机容量为2×125千瓦，年发电量最高达38万千瓦时。海山潮汐电站双库单向、全潮、蓄能的开发形式为全国首创，1994年荣获联合国"科技创新之星"奖。

溥泉

溥泉碑刻

溥泉

位于玉环县坎门街道海港社区东头自然村，建于民国二十九年（1940年）四月。溥泉呈现出的是一个近等腰梯形的水潭，四周依天然的岩石，用乱石砌筑驳岸，分布面积约90平方米。在水潭的北面设置了石栏杆，栏杆做工简朴大方。另在南面的驳岸墙体上镶嵌了一块约0.5平方米大小的青石质地石碑，上面刻有"溥泉"、"中华民国二十九年四月"等字样。在石碑周围构筑框架，以灰塑装饰。溥泉原是周边群众生活的主要水源，现基本荒废。

里墩斗闸

祠堂下水井

里墩斗闸

位于玉环县大麦屿街道里墩村李宅自然村，建于1962年。斗闸整体简朴大方，有两孔，长8.95、宽5.1米，北偏东16°，横跨于河面上。用水泥砂浆砌石，闸板为钢筋混凝土结构的预制板，闸门采用人工启闭。斗闸是重要的水利设施，起到控制闸内水位水量等作用，确保农业生产等用水，是一个活的拦水坝。

祠堂下水井

位于玉环县坎门街道后沙社区祠堂下，始建年代不详。水井形式为靠山挖掘的一个方形水潭，有泉眼，久旱不干，建筑占地面积约13平方米。该井于民国期间修建成形，1997年后附近村民捐钱修葺，对水井的墙体用水泥加固，并沿着山坡修筑了2米多高的保护墙。目前该井仍被周边群众作为洗用，井水依旧清澈。

普中闸

普中间侧面

普中闸

位于玉环县大麦屿街道斗门头村斗门头自然村，始建于清开垦时期，后于民国和解放后几经修建，现在的建筑为20世纪60年代的水利设施。斗闸南北横跨于外闸河上，两孔，石结构，闸板为钢筋混凝土结构预制板，东西两侧为桥面，建筑占地面积约78平方米。原先采用人力启闭，现采用电力机械启闭。现闸内开垦出大批农田，而闸外仍为大海，为确保农田灌溉淡水资源与防止海水倒灌，便在此建造了斗闸。

同善塘淡水闸

同善塘淡水闸闸墩

同善塘淡水闸

位于玉环县清港镇下淋村，1963年动工修建，1964年建成。该闸为内河控制闸，受益面积8000余亩。该闸东北（北偏东40°）、西南横跨于同善塘河上，为钢筋（钢丝网）混凝土结构，有8孔，孔径2.6米，其中有2孔为钢丝网水泥闸板，有6孔为钢筋混凝土闸板，闸底高程为0.052米，最大过水流量90立方米/秒，装有8台15吨推磨式螺杆启闭机，建筑占地面积约120平方米。该建筑没有设闸房，分上下两层，在上面一层设有露天过道，是启闭闸门的操作平台；下面一层作为桥梁，供两岸群众通行。90年代后该闸被废弃。

苔山十三闸东南面

苔山十三闸西南面

苔山十三闸

位于玉环县清港镇苔山村兰田，建于1971年8月。该闸原为九眼河系唯一的出海闸，受益面积1.3万亩。1966年11月动工，仅修建了部分闸基，1971年续建，1973年完成。该闸东西横跨于九眼河上，13孔，孔径3米，最大过水流量295立方米/秒，配有25吨位的手、电两用启闭机13台，系全县仅有的中型水闸，闸南面（南偏东23°）附建有桥，桥宽4.8米，总建筑占地面积531平方米。

万安新闸东面

万安新闸西面

万安新闸

位于玉环县芦浦镇尖山村，约建于20世纪70年代。由水闸和桥组成，南北走向横跨于河道上。闸房三间，闸为两孔，建筑占地面积约82平方米。闸房为石、木结构，墙上灰塑有五角星图案以及"万安新闸"字样。该闸为钢筋混凝土结构，主要是控制里塘淡水水位，以确保农田灌溉，并有防止外塘海水倒灌等作用。

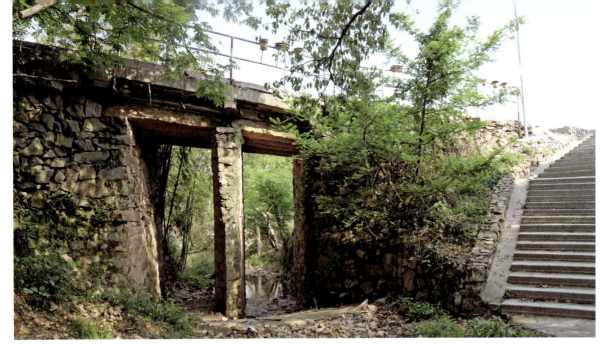

石角平板桥

初升桥

石角平板桥

位于玉环县楚门镇石角村，约建于20世纪50年代。桥体为平板桥，两端乱石驳岸，中间以石构墙作桥墩承重，桥面长7.6、宽4.4米，占地面积约33平方米。该桥桥面用9根石板铺砌，并因此得名。桥南北横跨于山涧上，主要为连接中石角和里石角两个地方，对于两地生活和交流等提供了很大的方便。近年因村道建设，在平板桥上直接浇筑了水泥道路。

初升桥

又称"泗头闸"，位于清港镇凡宏村泗头道头，始建于清光绪二十六年（1900年）。该桥南北横跨于同善塘河上，南面为外塘片，北面为凡塘片。始建斗闸为5孔。1957年加深闸底0.5米，但仍排水不畅、启闭困难。1959年冬至1960年春拆建，改5孔为4孔，孔径2.8米。1965年改木闸板为钢筋混凝土闸板，换装手、电两用启闭机。近年，闸房和桥面被修改过，建筑占地面积约183平方米。桥面连着闸房而建，桥东面设有石护栏，在护栏中心位置题有"初升桥"三个字。初升桥具备桥和斗闸的功能，是芳杜河系（同善塘河）的出海闸，受益面积达1.4万亩。

玉升桥

玉升桥近景

玉升桥

位于玉环县清港镇清南村（居）同善塘河上，在玉升街南面，始建于清咸丰三年（1853年）。玉升桥为六墩七孔、跨径均为10米、桥长80余米的跨海大桥，取材严谨，砌工精良。民国二十四年（1935年）大修，改大木梁为钢筋混凝土梁。1983年发现险象，进行拆建，加固桥墩，改平板桥为拱桥。为2墩3孔，跨径10米，桥长37.2米，桥面宽3.3米，东偏北40°，西南横跨同善塘河上。据史料载，道光年间，清港同善塘尚属海峡，南北过往要靠渡船。玉升师徒屡尝交通不便之苦，乃决心募款建桥，并将宗旨公之于众。经十几年，僧玉升和僧法存师徒历经磨难，最终募款建造了该桥，为表彰僧玉升创始之功，乡人将桥命名为"玉升桥"。

李孙志四合院鸟瞰

堂屋

李孙志四合院

位于玉环县坎门街道花岩礁村花港路71号，建于民国十四年（1925年）。四合院坐北朝南，二层建筑，砖、石、木结构，建筑占地面积约290平方米。分前后两进，屋顶均硬山造。第一进门楼五开间，楼层后檐置挑廊。第二进正屋五开间带二弄，九檩构架，明间带前双步廊。解放初，该四合院曾被当地驻军作为营房居住过一段时间，现租给外来务工人员居住。

黄国武四合院

台门

黄国武四合院

位于玉环县坎门街道花岩礁村海尾巷37号，建于20世纪20年代。四合院坐东朝西，为层石、砖木结构建筑，建筑占地面积约163平方米。分前后两进，屋顶均硬山造。第一进门楼三开间，第二进正屋三开间，九檩构架，明间带双步前廊。建筑外部具有西式风格，有着精美的图案雕塑，而内部结构基本保持中国传统建筑风格。门楼及天井的地面均由石板铺砌，堂屋地面由橘黄色方砖铺砌。四合院现租给外来务工人员居住，内部格局有一定改变。

胡沙头陈氏四合院

台门

胡沙头陈氏四合院

位于玉环县坎门街道胡沙头社区八角井巷22号，建于20世纪30年代。四合院坐东朝西，南偏西40°，建筑占地面积约278平方米。石、砖、木结构二层建筑，屋顶均硬山造，分前后两进。第一进门楼及第二进正屋均三开间，正屋九檩构架，通面宽略小于门楼。门楼、两厢及正屋楼层均围绕天井设双步前廊，形成回廊。由于房屋所有权者户数较多，旧宅经过修建，局部受到破坏。现基本租给外来务工人员居住。

胡、刘四合院走马楼

天井

外辽胡、刘四合院

位于玉环县坎门街道黄门村外辽自然村玉门东路4号，建于民国二十八年（1939年）。聘请台湾匠师设计，胡家出资、刘家出地，共同建造而成。四合院坐南朝北，北偏西40°，建筑占地面积约为277平方米。四合院整体保存良好，两层建筑，分前、后两进，屋顶均硬山造。第一进门楼五开间，楼层后檐置挑廊。第二进正屋五开间带二弄，六檩构架，前后双步梁,明间带双步前廊，门檐及窗檐雕塑精美。解放初，该四合院作为黄门乡政府所在地长达8年。大跃进时期，用作黄门大队食堂。

陈温梦民居

位于玉环县坎门街道鹰东社区北山居应东南路73号，建于民国三十五年（1946年）。房屋坐东朝西，为石、木结构两层建筑，建筑占地面积约187平方米。由于该建筑在建筑内置有天井，形成了一个四合院形制的建筑，但建筑整体多不对称分布，因而有别于典型的四合院建筑。房屋天井地面铺装石板，大门上有精美灰塑，但已遭到破坏。现该民居的房屋格局受到一定程度的改变。

陈温梦民居

内部

林厝岙李阿益民居台门

后沙公房

林厝岙李阿益民居

位于玉环县坎门街道灯塔社区林厝岙（现林屋岙19号），约建于清末至民国初年，为李阿益的祖辈所建，石、木结构的两层五开间建筑，房屋坐北朝南，二楼楼层栅栏部分的木构件、院门和窗户饰有花草等彩绘和雕塑图案。解放初期，在原四合院的西侧另立台门扩建四合院。20世纪90年代以来，四合院陆续被拆建，现两个前院门及四合院的西侧房屋及天井还部分保留着，大门口的青石门槛已断裂。大门口屋檐的雕塑精美花俏，花草图案色彩多样，极具西洋风格。石板门框上刻的 "积德遗胜金，修身如执玉" 对联字迹工整清晰，只是被涂上了红色油漆。

后沙公房

位于玉环县坎门街道后沙社区前街47号，约建于20世纪30年代。公房坐北朝南，南偏西30°，建筑占地面积56平方米。为石木结构三层建筑，墙体用乱石垒砌而成。房屋形制前宽后窄，呈直角梯形状。房屋前置前廊和挑檐，从一楼到三楼渐向外凸出，木质栅栏及其他木构件有一定的装饰做法，有些雕刻精美。据群众反映，后沙公房原为大户人家的房屋，后于解放后没收充公，变更为公房，目前仍供几户人家居住使用。

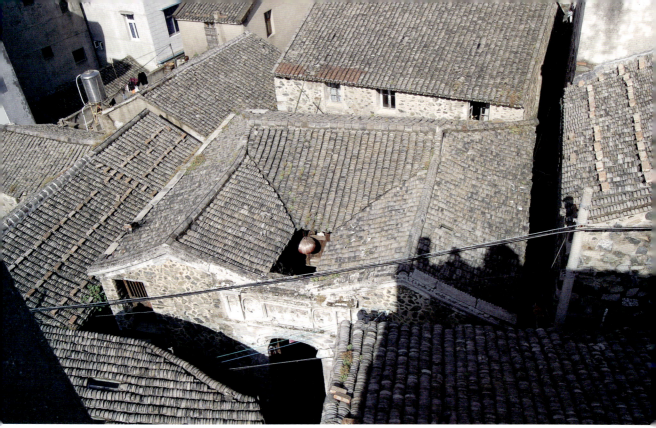

张兆岳三合院鸟瞰

张兆岳三合院

台门上的灰塑

张兆岳三合院

位于玉环县鸡山乡后岙村后岙安吉一巷1—3号，为张兆岳祖父1934年所建。房屋坐东朝西，为三合院式两层石、木结构建筑，建筑占地面积94平方米。由于鸡山为海岛，各村居房屋均集群建于山坡上，依地势而建，而且十分密集，该屋也受当地建筑格局的影响，致使天井小巧，建筑面积相对较小。台门上原有着精美的灰塑花草图案，现仅残留部分。房屋的有些木构件上也有精美的花草等雕刻。

陈歪梅民居正屋

东北面耳房

陈歪梅民居

位于玉环县清港镇西岙村岙底赵岙里35号，建于1941年。该宅为陈歪梅祖上所建，房屋坐北朝南，南偏东40°，建筑占地面积约320平方米，为石、木结构二层建筑。主体五开间，以堂屋纵轴线呈对称分布，两端的梢间均向前凸出，呈"凹"字形建筑形体。后又于主体建筑的东面加盖相同风格的三开间房子，并将附体建筑东边次间向前加披，形成一个八开间E形建筑，并形成两个庭院。

林祥金四合院

位于玉环县坎门街道灯塔社区赤口4号，建于1943年。四合院坐北朝南，为三开间二进两层石、木结构建筑体，建筑占地面积约200平方米。该建筑整体保存较好，第一进门楼规模较小；第二进正屋，九檩构架，穿斗式梁架。另外，二楼沿天井设置有回廊。建筑内部所置的门、窗、梁架等木构件做工简朴大方，尤其大门具有传统闽南风格，设双重门，在外面套上一道花格木门。

正屋

大门

林祥金四合院

丁晓林民居

丁晓林民居远景

丁晓林民居

位于玉环县玉城街道西门社区茶堂街1号，建于民国时期。房屋临街而建，坐西朝东，石木结构，三层6间，建筑占地面积约25平方米，是玉环县城最早的三层楼房。该房屋的内部环境也有所改变，但总体风格未变。底楼现经营餐饮，二、三楼为居住场所。与其相连的及周边房屋也是石木结构，建筑风格相似，只是多为两层楼。

李璜琪民居

台门

李璜琪民居

位于玉环县坎门街道灯塔社区玉岙学头，建于民国时期。房屋坐东朝西，为五间二层石、木结构建筑，十檩构架，建筑占地面积约357平方米。房屋前面置院落，开有院门，以墙体围合，并在前廊下向房屋两侧分别置门。二楼楼层栅栏部分的木构件及院门做工讲究，饰有花草等图案。此房原为李璜琪祖父所建，现属多户所有。

罗顺空民居

民居东侧面

罗顺空民居

位于玉环县坎门街道灯塔社区呑仔61号，建于民国时期。房屋坐北朝南，南偏东30°，为四合院式二层石、木结构建筑，分前后两进，三开间，建筑占地面积约145平方米。房屋依地势临路而建，受建筑用地局限，东侧墙体向内折，呈多边形状。该民居简朴大方，只有门楼的大门外侧灰塑较为精美，塑有花草等图案，但已遭破坏。

许加顺四合院正屋

台门

许加顺四合院

位于玉环县坎门街道灯塔社区学堂边23号，建于民国时期。四合院坐西朝东，东偏北20°，为二层石、木结构建筑，建筑占地面积约412平方米。分前后两进，正屋门楼均五开间。房屋规模相对较大，形制规整，做工较为讲究，底楼及二楼楼层均沿天井置有回形廊，天井四周均用石板铺装，门、窗罩檐处灰塑精美的花草等图案。

叶细金民居

台门

西次间窗户

叶细金民居

位于玉环县坎门街道东沙社区东沙南路52号，建于民国时期。房屋坐南朝北，北偏东25°，为石木结构两层五间建筑，建筑占地面积约143平方米。由于宅前就是村居的主要道路，受建筑用地局限，一个有着灰塑的西式砖砌台门就紧挨着房屋，形成了一个小院落的三合院，院落大不过10平方米。房屋一层设有前廊，梁架和门窗等上面的木构件简单大方，院落和前廊地面均铺石板。

翁国华民居

照壁

翁国华民居

位于玉环县坎门街道坎门社区钓艚岭头黄坎路31号，建于民国时期。房屋临路而建，大门坐南朝北，北偏东32°，建筑占地面积约254平方米。正屋五开间朝向东偏南32°，为三合院式两层建筑，砖、石、木混合结构。该民居具有西式风格，外部灰塑细腻精美，图案具有多种样式。内部门窗、梁架等木构建亦有精美雕刻。建筑结构平面布局呈"凹"字形，并以在东南面建造照壁来闭合整个建筑体。但因建筑用地有限，南面较北面要收进，前墙呈斜向分布。

爱吾庐

爱吾庐

爱吾庐

位于玉环县坎门街道坎中社区解放路214号，建于民国时期。房屋坐南朝北，北偏东35°，为砖、木结构三层三开间建筑，建筑占地面积约107平方米。该房屋呈现出浓郁的西式风格，与周边房屋建筑风格不一样。在该房屋西南方向（沿解放路）的台门为砖结构，已遭到一定程度的破坏。该台门上方正中镶嵌着一块长方形青石质地的字碑，上面刻有"爱吾庐"字样，装饰着精美的花草及蝙蝠等图案雕刻，但字体和图案有被敲打过的痕迹，字碑有裂痕。

黄晓春四合院台门

正屋

背面

黄晓春四合院

位于玉环县大麦屿街道鲜迭社区龙海路50号，建于民国时期。四合院坐东朝西，西偏南25°，为二层石、木结构建筑，建筑占地面积约222平方米。屋顶硬山造，分前后两进，三开间。第一进门楼规模较小，四檩构架。第二进正屋，八檩构架，明间设单步前廊。该四合院大门处原有精美的灰塑装饰，但已遭毁坏。北面厢房处有所改动，并向天井扩张了小面积空间，原为木板隔断，现为砖混隔断，上面的窗户也被修葺过，并刷上了漆。天井、门楼地面均铺石板。

李启顺四合院

正屋

李启顺四合院

位于玉环县大麦屿街道鲜迭社区渔丰路92号，建于民国时期。四合院坐东朝西，西偏南35°，建筑占地面积262平方米。该四合院为李启顺的祖父所建，为三开间两层石、木结构建筑，屋顶硬山造，穿斗式梁架，分前后两进。第一进门楼规模较小，四檩构架；第二进正屋，九檩构架，具有典型的民国时期建筑风格。

胡哲东民居

前廊木构件

正屋

胡哲东民居

位于玉环县清港镇垟根村垟中30
号，建于民国时期。房屋为民间
所说的"畚箕楼"做法，朝向北
偏东40°，为石木结构三开间

二层建筑，建筑占地面积约142
平方米。底楼挑檐置单步前廊，
前廊的梁架及木构件做工十分考
究，雕刻有大象、花草等精美图

案，并绘上色彩。二楼略向前做
挑檐，在雨天，屋顶的雨水可以
通过底楼前廊屋檐落到地面。

龚仁周民居

窗户

雕塑

龚仁周民居

位于玉环县干江镇下栈台村，建于民国时期。房屋坐北朝南，临路而建，为石、木结构的三开间三层建筑，建筑占地面积约75平方米。该房屋整体下宽上敛，墙体由乱石垒砌而成，坚固厚实，具有鲜明的西式风格。大门原有楹联装饰，窗户周边等墙体上原也有着精美的花草等灰塑，现仅残留部分。

洋屿码头

小巷→

单体房屋

洋屿民居群

位于玉环县鸡山乡洋屿村所在的洋屿岛上，大多建于1953年前后。岛上民居临海集群并依地形而建，风格简约，色调统一，至今仍很好地保持着原有的风貌。民居多为单层或两层建筑，其墙体多为乱石垒砌而成，坚固厚实，并多为小青瓦作两坡顶。虽然岛上建筑规格不一，但杂而不乱。岛上较集中的且具有代表性的民居多达120余座，分布面积约5万平方米。洋屿民居群是具有海岛特色的建筑群落。

二条岭集体厝

位于玉环县坎门街道坎中社区二条岭81～91号，建于20世纪70年代。集体厝坐北朝南，砖、石结构两层建筑，共13间，建筑占地面积约371平方米。墙体由乱石垒砌，用三合土粘结而成，在房屋前墙的檐口有多种精美式样的装饰性灰塑，并以镶嵌玻璃和涂刷颜色点缀灰塑，为牡丹、山羊、龙凤等吉祥图案。目前仍有10多户人家住在该集体厝中。

灰塑

排水口

二条岭集体厝

王灵国民居

二楼前墙东雕塑

二楼前墙东第二雕塑

王灵国民居

位于玉环县清港镇礁西村埠心里16号,建于20世纪70年代。房屋坐西朝东,主要为四间二层石、木结构,墙体由乱石垒砌而成,建筑占地面积约115平方米。该房屋整体保存较好,在二楼窗台两边多有凤、鱼及花草等吉祥灰塑图案,底楼前面窗户上的墙体塑以曲线装饰。现房屋的地面及窗户有一定程度的改变。

东方小学旧址

位于玉环县楚门镇谷水村晒谷坦玉环县东方中学原址内，建于1939年春。原为东方小学校舍，砖木结构两层建筑，大门朝向东偏南45°。建筑占地面积为296.83平方米。1939～1943年，东方小学是玉环县地下党发动和领导抗日救亡的重要据点，是隐蔽和培养共产党干部的基地，是玉环县地下党领导机关所在地，被誉为"红色堡垒"，在玉环县革命史上留下了光辉的一页。1986年3月，东方小学旧址被玉环县人民政府公布为第二批县级文物保护单位。

披山玉环伪政府办公遗址

位于玉环县鸡山乡披山村中呑自然村，建于20世纪50年代初。1949年玉环本岛解放后，1949～1953年间，国民党胡宗南残部及顽固分子退踞披山、鸡山、洋屿、大鹿岛、琅玑山等岛屿，并在披山岛上建立了玉环伪政府兼司令部。直至国民党军队败逃台湾前，伪政府及军队都办公于此。60年代该遗址失火，"文化大革命"期间又遭到破坏。80年代，房屋所在地被村民新建单层瓦屋。据说该房屋做工考究，室内装有天花板，四周筑以围墙，并以水泥硬化地面。现仅存有屋前的台阶及部分院落中水泥硬化地面。

东方小学旧址

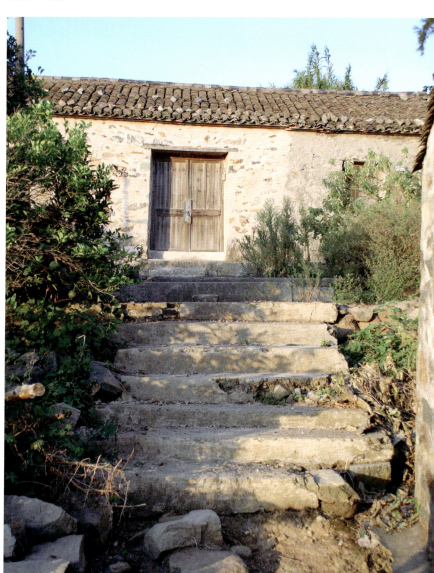

披山玉环伪政府办公遗址

尤氏鱼行东南面

尤氏鱼行内部

二楼仰视图

东街尤氏鱼行

位于玉环县坎门街道坎门社区黄坎路251号，建于民国时期。东街尤氏鱼行也称"坎门尤氏鱼行"。鱼行坐西朝东，东偏北25°，建筑占地面积约170平方米。清光绪六年（1880年），坎门仅有东街尤氏鱼行街（钓艚舡的东西街）与教场头街（今中市街西段）。为砖、石、木结构二层建筑，两坡顶，面宽三间，带有西式建筑风格。据了解，尤家自清末开始到解放初期，一直经营着鱼货生意。此地现为居住场所。

民主渔业大队造船厂

位于玉环县坎门街道坎中社区后沙岙，建于20世纪60年代，占地面积约5000平方米。玉环县海洋渔业开发公司前身是1958年人民公社化时期的坎门公社第三大队。1961年10月改称民主渔业大队。1984年，改称玉环县海洋渔业开发公司。60年代，坎门镇共有渔业生产船只322艘，而民主大队就有197艘。为了促进渔业生产发展，民主大队创办造船厂。造船厂从手工业发展到机械化，生产工艺水平和造船生产效率得到不断提高。目前，该造船厂仍承接修建木船及铁质船的业务。

民主渔业大队造船厂工地

鲜迭渔网编织厂旧址

渔网编织厂背面

鲜迭渔网编织厂旧址

位于玉环县大麦屿街道鲜迭社区新兴路1号，为村民陈林锋的父亲于1935年建立。房屋坐东朝西，西偏南29°，五间，为石木结构两层建筑，建筑占地面积164平方米。底楼设前廊，以木柱支撑承重。该房屋所在的鲜迭社区濒海，是一个天然的渔港，原先的村民以近海捕捞、海涂养殖为生。20世纪70年代，当地村民向陈林锋租赁部分房间置办渔网编织厂，为渔民们提供捕捞和养殖所需的网具，直到20世纪90年代搬迁。现该房为陈林锋一家居住。

海山盐务所

位于玉环县海山乡南滩村，原称"海岛盐务所"，建于20世纪50年代。1949年10月1日成立北监盐务分局，隶属浙江省盐务管理局，所属有新陆门、泗头、盐盘、芦浦、海岛5个盐务所和坎门渔监管理所1处。1969年7月成立玉环县盐务局革命领导小组，海岛盐务所改名为海山盐务所，管辖茅埏、茅坦、大横床、江岩等盐场。后来由于盐业收入下降，盐场陆续转产。盐务所周边的盐田、盐仓都被挖塘用于水产养殖。现存的盐务所建筑均为石结构，分布面积约400平方米。其中砖砌台门最具特色，坐西南朝东北，东偏北30°，上面有五角星图案和"毛主席万岁"等灰塑。

院门

海山盐务所

盐场远景

盐场一隅

玉环垟坑盐场

位于玉环县干江镇垟坑村，又称"玉环盐场"，是当时玉环最大且唯一的国营盐场。1958年5～10月，楚门区发动8个乡(镇)41个农业社600余社员，围垦垟坑塘(后称"一塘")，所围面积达2.13万亩，并于1959年投产。1971年3月至次年12月续围二塘，所围面积达1.74万公亩。1973年11月动工建滩，1975年实施滩地硬板化，1978年改造纳、排水利系统。1983年6月，开始抛石促淤围垦三塘。目前盐场已租赁给由206个盐民集资组成的股份制集体企业来经营。盐场现有生产面积4400多亩，年生产能力2.2万吨以上。

栈台船坞

位于玉环县干江镇上栈台村山下的一个凹口中，建于20世纪70年代。船坞设置在修造船厂内，三面接陆、一面临水，用毛石将凹口向中间围拢，并在中间设坞口，用于进出船舶。当船舶进入船坞修理时，利用潮水涨落，待坞内与坞外水位齐平时，通过牵引将船舶慢速牵入坞内，并将船拉到陆地上进行检查修理。修完或建完的船舶出坞时，待坞内、外水位齐平时，牵船出坞。该处主要是用于木质船舶修理，整个船厂分布面积近800平方米。现该处还留有房屋六间，坐北朝南，南偏西30°，石、木结构二层建筑，建筑占地面积284平方米。

船坞远景

栈台船坞

玉环电厂烟囱东南侧

玉环电厂烟囱

位于玉环县玉城街道南山村三合潭原玉环电厂内，建于1969年。为原玉环电厂750千瓦汽轮发电机组烟囱，是当时我县电力行业的标志性建筑。烟囱高31米，底座直径5、顶端直径1.5米。烟囱上面仍塑有"抓革命促生产"、"备战备荒为人民"的宣传标语。2007年12月17日，玉环烟囱被公布为县文物保护点。

陈屿供销社旧址

位于玉环县大麦屿街道双峰社区林家2号，建于清末民国初年，也是著名哲学家刘嵘的故居。供销社坐西朝东，原为四合院式二进、两层建筑、砖、石木结构。解放后，被政府没收并改为陈屿供销社。新供销社建成之后，这里作为供销社的职工宿舍。20世纪80年代转让给个人。现该房屋部分被拆，用于新建楼房，剩余建筑占地面积225平方米。

灰塑

供销社台门

陈屿供销社旧址

服装社标志

坎门服装社旧址

坎门服装社旧址

位于玉环县坎门街道坎中社区解放路48号，建于1965年。服装社坐南朝北，北偏西30°，为三间三层、两坡顶的砖木结构，建筑占地面积63.36平方米。该旧址原是坎门服装社的办公和生产地方，在建筑檐口下，塑有"坎门服装社"汉语拼音和"1965"字样。后来服装社解体。目前该房屋保存较好，但底楼作为街道门面店铺，遭到一定破坏。

栈名

中市益群客栈

中市益群客栈

位于玉环县坎门街道后沙社区前街188号,约建于民国初年。客栈位于早期商业发达的中市街和前街之间,坐北朝南,建筑占地面积约121平方米。为三间二层石、木结构建筑,东面的一间向前突出,现西面两间房子的廊下木板上仍保留白框红底、黄色字体的"中市益群客栈"字样。据房东介绍,他家买过来已有五十余年,买后用于开办客栈。

玉环供销社国营饭店

雕塑

玉环供销社国营饭
店旧址

位于玉环县玉城街道西门社区西城路，建于1961年。饭店坐北朝南，为五间二层两坡顶石木结构，建筑占地面积约117平方米。房屋正面做法讲究且极具时代特色，上面雕塑五角星、麦穗、和平鸽等图案。该房原为玉环供销社开设的国营饭店，20世纪90年代体制改革，该处房产被县房管处收购，现被租赁，经营个体快餐店。门窗多被置换成铝合金门窗，内部环境也被装修改变。

楚门银行旧址

位于玉环县楚门镇谷坦居东大街48号，建于民国二十八年（1939年）。银行坐南朝北，为四间两层的砖木结构建筑，建筑占地面积约84平方米。民国二十六年（1937年），浙江地方银行玉环办事处设于坎门，后因日本侵略而撤销。民国二十八年12月，该办事处恢复，设于楚门。民国三十六年（1947年）1月6日，办事处从楚门迁至坎门。1949年11月，该房屋被重新起用，成立中国人民银行玉环办事处。1951年4月改为玉环县支行。1953年1月，玉环县支行迁址，该处被改为人民银行楚门办事处。1956～1983年，该楼被中国农业银行玉环县支行楚门营业所和人民银行楚门办事处交替使用。近年已出售给当地居民。

楚门银行旧址

外塘气象站旧址

位于玉环县楚门镇胡新村王家塘28、29号民居前，建于20世纪50年代。由外塘盐场出资修建，为盐场晒盐服务。90年代盐场解体，并把该气象站的房屋卖给村民杜定方。杜家现将气象站房屋出租给外来务工人员居住。气象站坐北朝南，南偏东20°，建筑占地面积约33平方米。分大小两间，砖木结构，单层，小青瓦坡顶。因年代久远，墙体的外表粉刷层已大面积剥落，裸露的青砖已风化严重，现在檐下墙面上还依稀可见革命标语。

外塘气象站旧址

田马公社旧址

田马公社旧址

位于玉环县楚门镇三联村小塘自然村，大约建于1961年。公社坐北朝南，南偏东10°，建筑占地面积约178平方米。砖、木结构，二层，两坡顶，七间。1957年12月，在楚门区下始建田马乡。1958年11月实行人民公社化，形成楚门人民公社，下辖田马等十多个生产大队。1961年9月，楚门恢复了区公所建制，原生产大队被改制为人民公社，田马公社成立，并属于楚门区。1986年前后，实行政社分设，田马恢复乡人民政府建制，从属于楚门区。该旧址现归属于楚门镇，出租给外来务工人员居住。

王家村医疗站旧址

位于玉环县清港镇王家村村委会新办公楼后，建于1976年。房屋坐北朝南，为石、木结构二层建筑，墙体用乱石垒砌而成，三间，建筑占地面积约61平方米。建筑外置通往二楼的楼梯，在二楼前墙的檐口还保留有一句时代特征明显的标语"高举毛泽东思想伟大旗帜，紧跟华主席进行新的长征。"由于村医疗站外迁，该房屋曾被闲置，后挂牌为"老年人体育协会"。

王家村医疗站旧址西立面

木鱼洞遗址

位于玉环县披山村披山岛南澳南门礁北面，是一处天然岩洞，深邃多弯，洞口隐蔽，地形险要。据《玉环县志》记载，1941年6月，日军误认为陈阿桃等人为共产党游击队，派七八艘军舰前往袭击。阿桃和岛上的居民藏匿在山洞中，日军用机枪封住洞口，向洞内施毒气弹，阿桃等七八百人全部死于洞中。据披山村民介

绍，当时岛上只有一老人因藏于别处而幸免遇难。岛上的现有居民都是从附近迁过去的。目前，由于洞顶上岩石掉落及沙石淤积，洞口已堵死。

披山铅锌矿遗址

也称"披山银矿"，位于玉环县鸡山乡披山村披山岛东南面，因长期荒废，矿洞坍塌，仅能知晓该遗址的大概位置。据《玉环县

志》记载，民国八年（1919年）2月，张百彝投资开采长安山（今披山岛）铅锌矿，面积57.5亩。后因讼事停采。又据《玉环县志》矿产中记载："铅锌矿分布在披山岛，贮量不多，民国时期一度开采，因利微和产权讼事停歇。"另据村里老人介绍，此处为银矿，抗日战争期间，盘踞在披山岛上的日本军队曾在此开采过，但由于矿石含银量不高，不久就停止开矿，一直荒废至今。

木鱼洞遗址

披山铅锌矿遗址

分水梁氏碉楼

梁氏碉楼扇形孔洞

梁氏碉楼圆形孔洞

分水梁氏碉楼

位于玉环县芦浦镇分水村蔡家芦岙路，建于民国十八年（1929年）。梁祥辉家是当地的大户，他因怕遭土匪骚扰，自行组建地方武装，并建造该碉楼。碉楼坐西朝东，石、木结构，建筑占地面积约29平方米。小青瓦两面坡顶，共三层，层高约7米，以木楼梯连接楼层。下宽上敛，墙体用不规则的块石垒砌而成，厚约0.9米。各墙面开有多种形状的孔洞，有扇形、椭圆形、方形、用于观察敌情及射击。

东头碉楼

射击孔

东头碉楼

位于玉环县海山乡横床村东头岛东路48号，建于20世纪30年代。该碉楼是当地村民黄田贵的祖父为防御土匪、海盗而建造的。碉楼坐北朝南，南偏西30°，建筑占地面积约60平方米，石、木结构，共三层，下宽上敛，以木楼梯连接楼层，层高约7米。墙体用不规则块石垒砌，厚约0.8米。小青瓦两面坡顶。碉楼各墙面开有多个方形小窗，在窗户的外墙上多做有一定的花纹式样，内宽外窄。解放初期，浙南游击纵队"三五"支队曾在此碉楼驻扎。现为民居。

苔山碉楼

碉楼入口

苔山碉楼

位于玉环县清港镇苔山村"苔山寨城遗址"东北方向百余米处，建于1940年。当时国民政府为了维持地方稳定、保护岛上居民的安全、抵御从周围海上过来的海盗和土匪，建此碉楼，当地称"炮楼"。碉楼坐南朝北，北偏东32°，墙体均用乱石垒砌。原为三层建筑，但于20多年前被台风刮毁了顶部，当地居民为能有一个堆放柴禾的地方，将碉楼改建为现在的二层建筑，建筑占地面积约33平方米。该碉楼颇像一般民居，但其墙体的各面均开有射击孔。

西岙陈氏碉楼

位于玉环县楚门镇东西村西岙炮台里17号南面，建于民国三十五年（1946年）。据陈启传介绍，他父亲为防御土匪侵扰而建造了该碉楼。解放初，碉楼被东西岙大队没收归公，并被作为大队部办公场所。1960年前后，当地民兵在此驻扎过相当长一段时间。80年代，陈启传向村集体买回该碉楼，现被租赁给外来务工人员居住。碉楼坐南朝北，石、木结构，下宽上敛，建筑占地面积约38平方米。共3层，以木楼梯连接楼层，层高较普通民居要低矮，檐高约6.4米。四坡顶，小青瓦作。墙体用乱石垒砌而成，厚实坚固，墙宽为0.8米。碉楼各层墙体上分布着多个射击孔，整座雕楼造型独特。

陈氏碉楼

西跳碉楼

位于玉环县海山乡大青村西跳自然村，建于1946年。该碉楼是大青村村民为防御土匪而集体修建，当地称"炮楼"。碉楼坐北朝南，石、木结构，建筑占地面积约35平方米。小青瓦两面坡顶，共3层，以木楼梯连接楼层，层高约7米。墙体用不规则块石垒砌，厚约0.8米。碉楼各墙面开有多个方形小窗，并满布射击孔，射击孔内宽外窄。解放初，浙南游击纵队"三五"支队曾在此碉楼驻扎。现为闲置。

西跳碉楼

南滩营房

营房背面

南滩营房

南滩营房位于玉环县海山乡南滩村方志巷11号，约建于1948年。原为当地地主家的附属用房，解放初期，曾被解放军部队和民兵用作营房驻扎。1965年后相继作过学校及村里议事场所。现为民居，供石姓一家居住。营房坐东朝西，石木结构，共二层，建筑占地面积约113平方米。墙体用不规则块石垒砌，厚约0.5米。由于该房子原先是作为地主家保安防御之用，因此，在东面二楼墙体开有两个椭圆形射击孔。该营房在门、窗等外墙上塑有弧形图案，在大门外墙塑有对联，具有典型的民国建筑风格。

隔岭潘氏碉楼

位于玉环县芦浦镇隔岭村潘家山头，建于民国时期，距今70多年，是当地村民潘万周为防御土匪而建。潘万周是当地有名的大户，曾遭披山的土匪绑架勒索。为了自我保护，他自行组建地方武装，并建造该碉楼。碉楼坐北朝南，南偏西30°，石、木结构，建筑占地面积约28平方米。小青瓦两面坡顶，共三层，原以木楼梯连接楼层，层高较普通民居要低，高约7米。下宽上敛，墙体用不规则块石垒砌而成，厚约0.7米。在碉楼檐下外墙四周或塑或画花草图案。另外，在碉楼东南和西南两面墙上各开有3个射击孔，与小部分外突墙体组成了人脸形状，极富特色。

潘氏碉楼上部的人脸布局

东北墙上檐

东南墙上檐灰塑

连屿碉堡远景

连屿碉堡

位于玉环县大麦屿街道连屿村炮台下自然村，建于民国时期。碉堡开口朝向东北，北偏东30°，为石砌圆柱型建筑体，建筑占地面积约6平方米。墙体高约1.5米处分布着3个射击口，控制着山下东南、西北、西南三个方向。另在碉堡西北方向十余米处有一座营房，边上还有地洞（已坍塌），形成了一处分布面积约200平方米的军事建筑。据了解，营房原为民国时期建筑，后墙开有多个射击口。新中国成立后，碉堡和营房均被当地民兵所用，营房被重修过。但因年久失修，部分墙体已塌坍。

陈凤祥碉楼

陈凤祥碉楼外墙

陈凤祥碉楼

位于玉环县楚门镇三联村小塘自然村原田马公社东北面，建于民国时期。据村民介绍，碉楼是当地的开明绅士陈凤祥为防御土匪侵扰而建造的。解放初，碉楼被没收充公，曾被作为政府办公及生活场所，后被闲置，现仍为楚门镇所有。碉楼坐北朝南，石、木结构，建筑占地面积为62.37平方米。四面坡顶，共三层，原以木楼梯连接楼层，层高较普通民居要低矮，高约7米。下宽上敛，墙体用毛石垒砌而成，墙宽0.9米。碉楼各面墙体上开置多个灰塑精美的窗户，并分布着多个射击孔。在三楼每面外墙中间位置，多有向下射击的外突建筑体。目前，碉楼内部设施已被破坏，墙体有裂痕，但是其外部轮廓良好，且有多处精美的灰塑。

尖山吴氏碉楼

二楼前墙

尖山吴氏碉楼

位于玉环县芦浦镇尖山村尖山脚，建于民国时期。吴启方是当地有名的商人，家财万贯，他怕遭土匪敲诈勒索，便在住房上建造了防御性建筑。碉楼依山而建，整体层高比普通民居要低，坐南朝北，北偏东20°，小青瓦两面坡顶，建筑占地面积约116平方米。石、木结构，共三层，以木楼梯连接楼层，三开间，墙体坚固厚实，用不规则块石和青砖混砌而成，厚约0.4米。外墙灰塑有精美的花草装饰图案，并漆有蓝色颜料。东、西两面墙上开有多个孔洞，有扇形和圆形，用于观察敌情及射击。窗户全部用坚固的铁棒做窗格。

盐盘应氏碉楼

盐盘应氏碉楼

位于玉环县干江镇盐盘村5路，建于民国时期。该碉楼是当地村民应子正的祖父为防御土匪、日寇侵犯而建。解放后曾经用作居住场所，现闲置。碉楼坐北朝南，建筑占地面积约22.3平方米。为石、砖、木结构三层建筑，以木楼梯连接楼层，层高约7米。小青瓦作两面坡顶，下宽上敛，墙体厚约0.65米。一、二层墙体用不规则块石垒砌，第三层墙体用青砖构筑而成。碉楼各墙面开有多种形状的孔洞，有扇形、葫芦形、圆形、方形等，用于观察敌情和射击。

山外张耿氏碉楼

位于玉环县龙溪乡山外张村，建于民国时期。该碉楼为耿姓人家建造，解放初期解放军曾驻扎过，现已坍塌。碉楼门朝西偏北30°，石木结构，二层，建筑占地面积约26平方米。碉楼墙面上有多处射击孔及观察口，外墙由乱石垒砌而成，下宽上敛，原为小青瓦两面坡顶，因年代久远，屋顶已塌，墙面上长满杂草，并有开裂。

山外张耿氏碉楼

披山碉堡

披山观察站

披山军事设施

位于玉环县鸡山乡披山岛,建于民国时期及解放初期。碉堡、战壕和营房等军事设施密集地分布于岛上,仅碉堡就有十来个,多为民国时期所建,形状和用料统一。其中大多数在解放前国民党残余军队撤离到台湾时被炸毁,保存较好的有小沙头碉堡、披山碉堡、披山老营房碉堡等。披山老营房碉堡和披山观察站为解放初期解放军所建,用于观察海上敌情。

小沙头碉堡位于披山村小沙头,建于民国时期。碉堡为外廓边长约2.6米的正六边柱体,高约4米,两层建筑。墙体宽0.8米,用水泥、砂石混合料加熟糯米捣筑而成,墙体上满布射击孔。顶部中间高、周边低,并在顶上开有一个直径约0.4米的孔,供

岗哨探头观察。门朝向为东偏南43°,宽约0.5、高1.5米。

披山碉堡位于披山岛顶部,建于民国时期。碉堡为外廓边长约2.5米的正五边柱体,高约2.2米,单层建筑。墙体宽0.8米,用水泥、砂石混合料加熟糯米捣筑而成,坚固厚实。门朝向为南偏东45°,宽约0.7、高约1.6米。其余四面墙体各开有一个射击孔。

龙虎山军事设施

位于玉环县坎门街道东安村赫后自然村龙虎山，建于1951年。龙虎山的半山腰上有单层石砌营房两座，被附近居民作为生活及圈养牲畜的场所。其中一座（南营房）位于龙虎山碉堡北面近10米处，坐东朝西，建筑占地面积90.4平方米。另外一座营房（北营房），位于碉堡北面近百米处，坐东朝西，建筑占地面积112.7平方米。1949年玉环本岛解放后，外围的鸡山、大鹿和披山等岛屿仍被国民党部队盘踞。为了防范国民党部队反攻，解放军进驻玉环，并在龙虎山等军事要地修筑军事设施。

龙虎山碉堡

位于坎门街道东安村赫后自然村龙虎山山顶西南方，建于1951年。碉楼海拔约140米，为砖、石、水泥结构。主体部分近似圆柱体，顶内部由8根木梁支撑，顶外部用水泥浇铸成馒头状。碉堡共有两个射击窗口，分别控制西南和西北两个方向。1949年玉环本岛解放后，外围的鸡山、大鹿和披山等岛屿仍被国民党部队盘踞。为了防范国民党部队的反攻，也为解放上述外围岛屿作准备，解放军南京军区派部队进驻玉环，并在龙虎山上筑碉堡、建营房、挖战壕、打山洞、设炮位等。2004年3月该碉堡被公布为文物保护点。2005年1月，县文物管理部门对其进行了一次修缮。

龙虎山北营房

龙虎山碉堡

南排山军事设施

位于坎门港南面,在距坎门应东码头500米左右的南排山上,建于1952年。1949年玉环本岛解放后,外围的鸡山、大鹿岛和披山等岛屿仍被国民党胡宗南残部盘踞。1951年5月5日,坎门民兵与解放军在南排山外的水上与国民党残部激战。解放军在南排山岛修筑营房、战壕、碉堡等,分布面积0.53平方公里。岛上原有单层石砌营房4座,目前仅保留下两座。岛上还有数千米的战壕,依海岛地势呈上下多层分布,并连接该岛至高点上的碉堡。

南排山战壕

南排山碉堡

位于坎门港南面,在南排山主峰上,建于1952年。碉堡为平顶,墙体由青砖用水泥砌筑而成,设门、窗及多个射击孔,可居高临下,控制、观察周边敌情,建筑面积9.4平方米。1949年玉环本岛解放后,外围的鸡山、大鹿岛和披山等岛屿仍被国民党胡宗南残部盘踞。为了巩固边防,加强安全防范工作,解放军在南排山顶部修建了这座碉堡。2004年3月,该碉堡于被公布为文物保护点。

南排山解放军营房

南排山碉堡

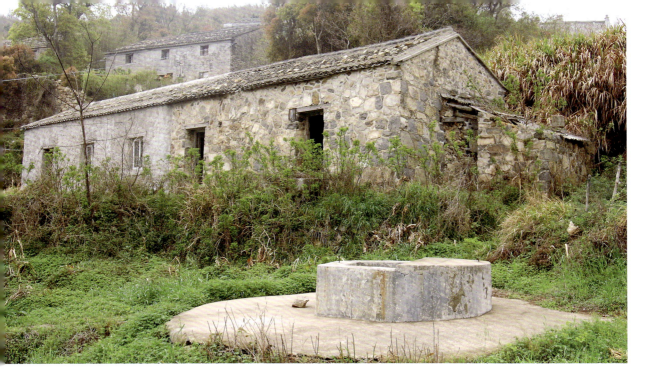

半山解放军营房

八角井解放军营房东北幢营房

半山解放军营房

位于玉环县坎门街道黄门村半山自然村协力路20号，建于1953年。中国人民解放军南京军区驻半山部队为了解放玉环鸡山诸岛屿，在半山用石头砌造了该营房，供官兵住宿、炊事等用。房子东北方向百余米处有两口水井，一口为饮用水井，另一口为洗用水井，该两口井均为解放军所建，为部队提供生活用水。

八角井解放军营房

位于玉环县坎门街道胡沙头社区八角井巷116号，建于1953年前后。为了解放玉环周边的鸡山、洋屿、大鹿、披山诸岛，南京军区解放军在八角井建造了营房，供驻军起居之用。该处共有大小营房3幢，共30余间，建筑分布面积约1600平方米。营房均为坐东北朝西南方向，石结构单层建筑，墙体坚固厚实，由乱石垒砌而成，屋顶架设人字梁架以承托屋顶。

后坪解放军营房

位于玉环县坎门街道双丰村后坪自然村东峙路62号，建于1953年。1949年玉环本岛已解放，但鸡山周边的外围海岛仍被国民党部队残余力量控制。中国人民解放军南京军区驻后坪部队为了解放鸡山周边诸岛，在后坪建造了该石砌营房大院，供部队住宿、炊事等用。共有营房4座，建筑占地面积约为500平方米。屋脊均为硬山造南北走向，台门正北朝向每幢均长25、宽约5米。解放军驻军离开后，该营房曾被用作双龙中学校舍，后又被用作后坪小学校舍。现租赁给双丰村村民开办工厂。

后坪解放军营房一隅

后坪解放军营房大院台门

大雷头营房基址石阶梯

大雷头营房基址

位于玉环县清港镇大雷头村大雷山西南面，建于20世纪50年代初。据《玉环县志》记载，玉环解放后，人民解放军进驻楚门、坎门、寨头、大雷山、鲜迭等地，国民党军队退踞鸡山、洋屿、大、小鹿岛、琅玑山、披山等岛屿，双方均构筑坑道、碉堡、炮台、掩蔽部、观测所等防御、野战工事。该处营房就是在解放军进驻大雷山的时候建造的，营房建筑规模为玉环最大。为石结构单层建筑，墙体均由乱石垒砌而成，建筑分布面积约2300平方米。该处建筑功能明确，分为起居用的营房、礼堂及厨房等。后来该营房作为大雷头五七高中的校舍，直至高中停办。现仅余残垣断壁。

洋屿军事设施

位于玉环县鸡山乡洋屿村鸡公山上，建于20世纪50年代初。1952年，为了解放玉环鸡山周边岛屿，南京军区派军驻扎于此，并建造了营房、战壕、防空洞等军事建筑。营房分为两处4座，墙体由乱石垒砌而成，现多已闲置。山顶处的营房有二间，坐西朝东，建筑占地面积约74平方米；缓坡处营房3座，坐南朝北，分布面积约530平方米。在山上分布有战壕，从小山一直延伸到东披头。

洋屿小山头营房

大鹿岛军事设施

位于玉环县鸡山乡大鹿岛风景区，始建于1953年。战壕、碉堡、穿山洞、营房等分布于岛上，总分布面积近1平方公里。大鹿岛素为海防关隘，宋代建兵寨，元置巡检司，清设营迅。解放初期，国民党残余部队凭借海边的天然洞穴抵抗人民解放军。1953年5月，我人民解放军和坎门民兵渡海作战，解放了大鹿岛。1953年6月19日，国民党胡宗南匪军3000余人，向大鹿岛等岛屿发起疯狂反攻。当时，坚守在岛上的人民解放军只有五百多人，他们英勇顽强，连续打退敌人多次进攻，用鲜血保卫了大鹿岛。当年，人民解放军和国民党军队都在岛上修建了大量的军事设施。

小鹿岛解放军营房

位于玉环县鸡山乡鸡南村大鹿岛风景区小鹿岛上，约建于20世纪50年代初。1953年前后，鸡山周边岛屿解放后，南京军区派驻军在海岛上建造多处营房，以抵御国民党部队的反攻。现保留有营房3幢，其中两座为住宿用营房，另一座为炊事用营房。墙体均由乱石垒砌而成，共有10余间，建筑面积约1000平方米。60年代末，此处营房曾被作为知识青年的居住点。目前营房多被闲置，但周边还保留有水井和水窖等。

大鹿岛虎头山解放军营房

小鹿岛解放军营房

戚继光平倭纪念碑远景

戚继光平倭纪念碑

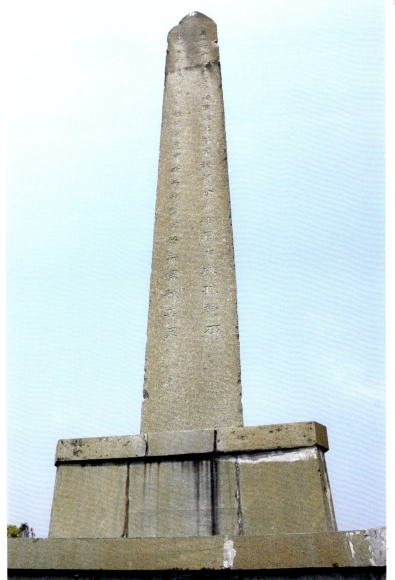

戚继光平倭纪念碑

位于玉环县玉城街道犁头嘴村峦岩山观音堂东北面，约建于民国二十二年（1933年），为戚继光率军在玉环县境抗击倭寇的纪念碑。原碑已毁，民国时期复制。20世纪80年代初，在县公安局大院内发现此碑，后曾经存放在玉环县革命烈士陵园，90年代被重立于此处。该石碑青石质地，碑身略下宽上窄，呈近三棱柱形，顶部三棱锥形，底部边长0.4、高约3.2米。石碑上部原断裂，在重立时粘接，断裂处的正面部分有较多青石崩落，致使个别字不能辨别。石碑三面分别阴刻有"明戚公继光平倭纪念碑"、"嘉靖四十年辛酉戚将军继光督率诸将会剿倭寇大破贼于邳山下白水洋长吊洋沙镬洋等处冒雨而战犁沉倭船尽歼其众"，以及"□□□□□年六月旦浙江玉环县县长敬立"字样。碑座呈三层，从下往上依次用青石砌筑成边长为2.9、1.95、1.1米的正三角形，高分别为0.38、0.99、0.38米。2004年3月，此碑被公布为文物保护点。

223

抗战阵亡将士墓

位于玉环县玉城街道西溪社区中青岭西溪山岗头上，建于1938～1940年。墓坐南朝北，北偏西30°，五穴，建筑占地面积约22.5平方米。抗战时期，正值国共两党二次合作，民国县政府在中青岭择地，将在两次作战中阵亡的将士埋葬，并建忠烈祠，立纪念碑，加以表彰。原刻在墓室口上的阵亡将士的姓名、籍贯等，因年久失修，披灰剥落而失传。建国初期，抗战阵亡将士纪念碑因基建而被拆除。2003年11月，墓被重修。从县烈士陵园内找回4块断碑，有关人员将其拼凑修补成三角碑，并重立于抗战阵亡将士墓的西南面，新建三层台基，将三角碑安放于台基上。

纪念碑

抗战阵亡将士墓

革命烈士陵园

革命烈士陵园内塑像

革命烈士纪念塔

革命烈士陵园

位于玉环县玉城街道县前社区中青山麓，建于1958～1959年。建筑物包括塔、墓、石坊、塑像、凉亭、烈士纪念馆（即革命文物陈列馆）等，总占地面积约2.2万平方米。陵园入口石坊正面刻有谢觉哉书写"烈士陵园"四个大字，背面刻有郭沫若书写"永垂不朽"四个大字。

陵园建筑共呈五层分布，以石台阶连接，过石坊沿台阶拾级而上至顶，共有365级台阶。第一层为中国人民解放军战士和民兵并肩战斗的大型塑像。第二层是一座烈士纪念馆，砖、木结构，五间，馆内陈列着烈士们的遗物。其右边有纪念亭，内立一块青石质纪念碑。第三层墓前平坛，约300多平方米，为悼念革命烈士的主要场所。第四层为陵园主体烈士墓，安葬358位烈士（其中无名者120人），大部分为解放玉环沿海岛屿及鸡山诸岛牺牲的烈士。墓群依山势而建，共分4个区，每一墓上立青石碑，镌刻烈士姓名。第五层为纪念塔，矗立于陵园高约410平方米的平坛上中央，塔身呈六角椎形，高11.5米，塔顶饰红星，塔身正面刻有朱德于1958年11月24日书写的"革命烈士永垂不朽"8个字。1981年7月8日，烈士纪念塔、墓被玉环革命委员会第一批公布为县级文物保护单位。1995年被命名市级首批爱国主义教育基地。

革命烈士陵园

东青义冢

位于玉环县玉城街道东青村大路边自然村大湾山岙缓坡上，被当地人称为"百眼坟"，建于民国时期。义冢整体坐东朝西，依地势而建，现为四层，共50余穴。其第一层（最下层）隐约可见4座穴，第二层有18穴，第三层有17穴，第四层（最高层）有14穴。墓穴用小块石卷顶，并加封土层，圹口位置已于近年用水泥沙浆粉刷，建筑分布面积约200平方米。据村里老人介绍，这是由当时东青林家、沙岙江家及其他绅士捐资共建，用于收葬民间的无主之冢及客死无归者，以免遗骸暴露。

东青义冢

东青义冢一层

潘心元烈士墓

潘心元烈士墓丹心亭

潘心元烈士墓

位于玉环县清港镇苔山村,建于1930年,修葺于1995年。墓坐北朝南,平面呈圆形,用青石镶边砌筑,建筑占地面积约21平方米。墓区分布面积1000多平方米。墓东西两侧30米外各有一亭,分别为"泰和亭"、"丹心亭",均于1997年新建。1997年,该墓被命名为县级第二批爱国主义教育基地。

潘心元(1903~1930年),湖南浏阳人,是中共早期从事工农运动和武装斗争的重要领导人之一。1930年8月和11月,潘心元到浙南进行革命活动,整顿红十三军组织。1930年12月,他从红二团驻地苔山岛出发,乘船去温州途中,在玉环九眼江遭国民党特务枪杀。1945年,中共第七次全国代表大会追认他为革命烈士。

吴德礼烈士墓

墓室

吴德礼烈士墓

位于玉环县干江镇上栈台村西面山腰。墓朝向西偏南，占地面积约52平方米，为吴德礼与其夫人的合葬墓。墓前有图案、字体等精美的青石材质雕刻。墓室前立一大理石碑，介绍吴公生平。墓室后方嵌一墓碑，上有"棣头地方　处士得礼吴公元配陈氏安人寿域　民国廿五年　春立"。2006年，吴德礼烈士墓被干江镇人民政府立为"干江镇青少年思想道德教育基地"。

吴德礼，1879年出生，1950年参加革命，任中国人民解放军野战军27师支前船长。1953年5月30日，国民党胡宗南残部向鸡山及其周边岛屿发动突然袭击，吴德礼参加战争，向岛上运送指战员和弹药，在第三次运送过程中，不幸中弹牺牲。随后，吴德礼被中共玉环县委授予"革命烈士"称号。

章昌言墓　　　　　　　　　　墓碑　　青石雕刻

章昌言墓

位于玉环县玉城街道渔岙村横山山腰上，建于民国十七年（1928年）。墓坐西朝东，东偏北23°，主要由墓坛、墓室两部分组成。四穴，为章昌言与元配章韩氏及其子章才骥与元配章陈氏的四人合葬墓，建筑占地面积约38平方米。墓室后方有一块青石质地墓碑，上刻有"渔岙山坐庚向甲兼申寅分金"、"清章公讳昌言号景清老先生、元配山外张韩氏章老安人、男讳才骥号家骏章老先生、元配塘洋庄陈氏章老安人之墓"、"中华民国十七年桂月吉旦"字样。整座墓由青石构件组成，青石上雕刻有精美的图案。"文化大革命"期间，青石构件基本被拆除，现仅在墓穴口处遗留有青石构造。

西林陈氏墓

墓志

西林陈氏墓

位于玉环县清港镇西林村，建于民国二十一年（1932年）。墓坐东朝西，西偏北35°，主体为石结构，用砺灰、糯米、砂混合粉刷。墓穴口有用青石打制的构件，上面原雕刻有图案和楹联等。墓门青石上阴刻"清国学生西林陈公讳式序号仲坦偕配王氏安人暨子讳齐眉号介生媳林氏安人之寿域"字样。又据村民反映，该墓原先很大，专门雇人守坟，并建有围墙和管理房，坟前还有石人、石羊等物品。"文革"期间围墙被拆除，所得石料用于建造芳杜水库，青石雕刻及石人、石羊等物品被敲毁。现仅能见墓葬，建筑占地面积约30平方米。

戴礼墓

墓碑

戴礼墓

戴礼墓位于玉环县楚门镇蒲田村香山院西北面百余米处，约建于1935年。墓坐东朝南，西偏南29°，为单穴，由糯米、砂、石灰等捣筑而成，建筑占地面积约15平方米。1957年，该墓被村集体挖掘，将墓圹石材及棺板拆走，用于铺路及做闸板，致使墓圹形制不明。现在墓上杂草丛生。

据《玉环县志》记载，戴礼（1880～1935年）字圣仪，乳名梅姿，女，楚门蒲田人。少时，父延师为其教读，学业猛进，塾师未敢改卷。父母乃遣礼赴黄岩，从师于王舟瑶研习经传。不数载，家中措资使礼负笈北京。几易寒暑，涉猎经史百家，并交游不少学者、名流。居京时撰《清代列女传》（《皇朝列女传》）、《女小学》、《女小学韵语》等书，由其师章梫（进士，曾任翰林院检讨）上之学部及史馆。后师事陈衍，研习《礼记》。宣统三年（1911年）九月，撰《大戴礼集注》13卷，计20余万言。

231

陈隆缎墓

墓碑

墓前石狮

陈隆缎墓

位于玉环县玉城街道龟山村,建于民国二十五年(1936年)。墓坐北朝南,南偏西30°,呈靠椅式,有墓室、坟坛和拜坛等。三穴,为陈隆缎、元配及继配的合葬墓,墓建筑占地面积约80平方米。墓四周有石砌围墙,并在墓前出口外约2米处建有照壁。墓后部构筑了类似门楼的建筑,砖石结构,三角顶,并刻有楹联,中镶嵌有青石质地的墓碑。墓碑刻有"民国廿五年岁次丁丑吉旦园显考讳隆缎陈公 妣元配苏氏安人之佳莹 妣继配潘氏孺人之寿域 男家升孙庆涵庆养全叩"。另外,在墓前有一对小石狮。及村民反映,该墓被修葺过。

郑枝芳墓

墓室

郑枝芳墓

位于玉环县清港镇樟岙村樟鸡山，建于民国二十八年（1939年）。墓坐北朝南，南偏东40°，主体为石结构，用砺灰、糯米、砂等混合物粉刷，建筑占地面积约58平方米。墓前有青石打制的装饰性构件，上面雕刻有石狮及其他精美图案。墓室口上的青石上还阴刻有"浙江法政学校毕业 历任金华淳安临海吴兴警佐 郑公枝芳号蔚文墓 元配叶氏夫人寿域 民国廿八年三月吉旦"等字样。

高肇梁墓

西墓穴口石构

高肇梁墓

位于玉环县清港镇樟岙村山嘴头，建于民国三十五年（1946年）。墓坐南朝北，北偏西35°，主体为石结构，用砺灰、糯米、砂石等混合粉刷，建筑占地面积约53平方米。墓前有用青石打制的装饰性构件，雕刻有狮子及其他精美的图案。墓有四穴，其中西边二穴较东边二穴要早，东边二穴为1991年加建的。墓穴口的青石盖板上从西到东依次阴刻着"同治暨元配李氏孺人之寿域 民国三十一年秋月吉旦"、"同治处士本里高公肇梁字炳汉寿域 民国三十五年秋月吉旦"、"高公啟镜之墓 公元一九九一年仲春谷旦"、"赵氏安人之墓"等字样。

城东赵元帅庙

赵元帅庙厢房梁架

城东赵元帅庙

城东赵元帅庙位于玉环县玉城街道城东村南山头自然村，约建于民国时期。该庙宇由大殿、戏台、厢房等组成，均为石木结构，总建筑占地面积约253平方米。大殿位于东面，坐东朝西偏南，单层，七檩构架，抬梁式、穿斗式混合梁架，明间用五架抬梁结构，两端山面用穿斗式结构，面宽三间。南边厢房与大殿相连，两层，曾作为民兵营房。北面有一座独立瓦屋，曾是村小学的校舍。戏台位于大殿正对面。庙宇建筑在早时有多次修改，且在"文化大革命"时期遭到一定程度的破坏，现仅大殿梁架还有民国建筑的特征，其余均在解放后重建或新建。

仓坑观音堂

位于玉环县玉城街道仓坑村水桶坑自然村，约建于清末。观音堂坐北朝南，为石木结构单层建筑，建筑占地面积约105平方米。两面坡顶，其外墙由乱石垒砌而成，梁架为穿斗式七檩构架，三开间。该遗址曾在20世纪50年代作过仓库使用，后恢复成观音堂，并曾多次修葺，最近一次修建是在70年代。

山岗头基督教堂

位于玉环县海山乡大横床岛上的横床村山岗头，建于20世纪40年代。教堂由当地信徒集资所建，用石头垒砌墙体，坚固厚实。单层两面坡顶，坐东朝西，西偏南30°，平面呈长方形，建筑占地面积约99平方米。内有4根梁架承重木柱，但建造时融入西方建筑元素，从窗户样式及建筑布局形式上有别于普通海岛民居。该建筑沿着屋脊方向，在建筑的西南面山墙上左右居中开置正门，并在大门两侧对称开设三角形尖顶窗户。东北面山墙为实体墙，内为神台，其余两面墙体上均规整，开设三角形尖顶窗户。

仓坑观音堂

观音堂内梁架

基督教堂内景

山岗头基督教堂

牛场残墙

牛场入口

石峰山牛场围墙

位于玉环县大麦屿街道石峰山村牛场自然村的缓坡地段，建于民国时期。以前这里是规模化养牛场，圈养了上百头牛，该处地名也就因牛场而来。该牛场已荒废，仅留几段残墙。牛场西南面山岗上的两段残留墙体为东西走向，长近百米，坚固厚实，截面呈近等腰梯形，高1.8米，顶宽1.2、底宽1.5米，残墙占地面积约100平方米。筑墙所用石材，均从附近的石峰山上取材，皆为火山岩。

陆 其他

除了归属于古遗址、古墓葬、古建筑、石窟寺及石刻、近现代重要史迹及代表性建筑等文物外，具有一定的历史、艺术、科学价值且本体存在的不可移动文物都归纳为"其他"。目前，玉环有其他不可移动文物5处，本书收录其中的2处。

柏树台门

位于玉环县清港镇柏台村台门路50号东面。柏树栽种于宋代，属圆柏，柏科。两树左右对植，为一对连理柏。左（西）为雄柏，只开花不结果；右（东）为雌柏，只结果不开花，被传说成一对人间恩爱夫妻。两树盘虬纠缠，鳞爪飞扬，状如台门，分布面积约30平方米。两株柏树年代久远，左边雄柏主干开裂。由于村民迷信，传柏树皮能治百病，所以村民时常剥树皮以治病，加之自然剥落，可谓树无完肤。柏台村亦因柏树台门得名。1998年8月，两株柏树被玉环县人民政府列为重点保护的古树名木，现树周围用铁栏围合保护。

柏树台门雌柏

柏树台门雄柏枝干

世界名柚园内办公楼

世界名柚园台门

世界名柚园

位于玉环县清港镇的西部，靠近乐清湾，原是苔山塘文旦基地。"文旦"是柚类的一个品种，原产福建漳州，清光绪初年传入玉环。于1980年围垦，面积4.5平方公里，年产玉环柚（楚门文旦）5000多吨，是玉环县种植玉环柚的最大基地，选送的玉环柚荣获全国柚类评比八连冠。获得国家原产地地理标记注册认证，被中国国际贸易促进会列为首批向欧盟市场推荐产品，并被评为浙江省"十大"名牌柑桔。园内开辟世界各柚园区，种植沙田柚、金兰柚、蓬溪柚、葡萄柚、绿柚等国内外24个名柚品种。1990年，著名生物学家谈家桢教授视察基地，并亲笔题写"世界名柚园"。1993年，玉环县被国务院命名为"中国文旦之乡"。

柒 馆藏文物和民间收藏

由于受馆舍条件约束，玉环的文物征集工作未能广泛进行，馆藏文物数量极为有限，不少文物流散在民间。随着文物保护理念的普及，民间收藏文物的热情日益高涨。这里仅选取部分馆藏文物和民间收藏文物作简要介绍。

铜锸

战国时期青铜器，采集于三合潭遗址。褐红色，平面呈"凹字形"。体扁宽，弧刃，两侧平直微内收。二方銎位于左右顶部，銎部有磨损。通宽14.2、宽6.2厘米。

铜镈

战国时期青铜器，出土于三合潭遗址。柄部较长，上面纹饰模糊。有肩，刃部平齐，制作不规整。长方形銎口，使用痕迹明显。通高6.1、刃宽6厘米。

铜镈

战国时期青铜器，采集于三合潭遗址。犁尖呈箭镞形，刃中间起脊，左右股均有残损，上面铸有凸起的栉齿纹。长骹，长方銎，骹上有三角形穿。通长9.2厘米。

铜锸

铜镈

铜镈

铜铲

铜钻　　　　　铜鱼钩

铜铲

战国时期青铜器，采集于三合潭遗址。平面呈长方形，长方銎。刃微弧，稍有磨损，两侧平直略内收，有铸缝痕。器身两面开孔，一面呈正方形，另一面呈倒三角形。长10.5、宽8.4、高6.1厘米。

铜钻

战国时期青铜器，采集于三合潭遗址。柄较短，横截面呈菱形。钻身呈棱柱状，钻锋尖利。通长4.3、柄径0.9厘米。

铜鱼钩

战国时期青铜器，采集于三合潭遗址。用一根锻造的铜条弯成钩状，钩头尖利，上方有一倒刺。钩根部有一尖刺，用来系线。通长6.8、宽3.3厘米。

铜镌

战国时期青铜器，采集于三合潭遗址。长条状，下细上粗，有圆筒形骹。圆銎，銎沿有两个扁孔。残长11.8、最宽处2.7厘米。

铜矛

战国时期青铜器，采集于三合潭遗址。黑褐色，柳叶形矛，中脊凸起，两翼刃部及锋尖锐利。长骹，銎端内凹，柄上有一桥形系纽。通长22、最宽3.1厘米。

铜镌

铜矛

铜镞

铜镞

铜剑

铜镞

东周时期青铜器，出土于三合潭遗址。两翼式，较薄，镞尖锋利。共3件，最长的 5.7厘米。

铜镞

东周时期青铜器，采集于三合潭遗址。中部起脊，两翼呈条状外展，圆柱形短铤。头部及两翼略残，残长4.3厘米。

铜剑

东周时期青铜器，出土于玉城街道垟青村。剑体扁宽，脊不明显。弧刃，尖锋已残，"一"字形格，格的两面饰疏朗的勾连云雷纹。柄上有圆箍，柄下端残佚。

铜镜

青铜器，出土于沙鳝沙吞村。镜面圆形，半球形钮，无钮座。镜面无纹饰，仅有"公望"两个大字。直径9.2、厚0.6厘米。

铜蟹

清代铜器。2件。其中一只缺三脚。蟹呈黄铜色，大小与实际青蟹相仿，作爬行状。蟹盖、眼、口、脚、钳等都刻划得栩栩如生。最宽处14.6、蟹盖长5.9、宽4.6厘米。

铜镜

铜青蟹

铜簋

铜鱼纹洗

铜簋

铜器，征集于玉城街道东门村。2件，其中一件缺盖。器身敛口，腹鼓，矮圈足。鼓部对称有两个环形耳，耳上有兽首，下有垂耳。口沿外饰一周窃曲纹，圈足饰重环纹。通高5.3、口径6.6、底径6.4厘米。

铜鱼纹洗

铜器，由玉城派出所查获转交。敞口，宽平沿，沿的边缘凸起，浅弧腹，圜底近平。盆沿上有两个桥形立耳，立耳高度与盆高接近。盆底图案是4条大鱼，头尾相连。中心还有一条小鱼在嬉水，盆内壁刻水草图案。高11、口径27.5、底径28厘米。

铜铳

清代铜器，出土于清港镇苔山村小门港红墩脚海底。筒形，内底至口渐大。器外铸箍4道，箍间有一把手，口下刻有"五中"两字。高31.1、内径8.2、外径12.2厘米，壁厚2厘米，铳自口至底深28.7厘米。

银元宝

清代银器。马蹄形，中部内凹，上刻文字。为玉环县文物管理部门旧藏。

铜铳

银元宝

三孔石犁铧　　　　　　　　　　　四孔石犁铧

三孔石犁铧

战国时期石器，采集于三合潭遗址。褐红色，平面呈等腰三角形，体扁平，犁头圆弧，尾部内凹，两翼刃部锋利，中部有呈三角形分布的3个单面钻孔。侧腰长20.7、底长19.9厘米，两大孔径1.8、小孔径1.3厘米。

四孔石犁铧

战国时期石器，采集于三合潭遗址。褐红色夹灰色，石质坚硬。平面略呈等边三角形，头尖尾凹，两翼刃部平直微内收。体扁平，单面刃。在器身3个角和中心部位各有一个单面钻孔。边长分别为22.1、21.8、19.3厘米，中间孔径2.3、犁头孔径2.1、两小孔径1.9厘米。

石犁壁

战国时期石器，采集于三合潭遗址。1套2件，形制基本相同。褐红色，体扁平，刃部微内收，背部微弧。器身小端平直，大端呈斜角状，近背处左右两端各有一穿孔。长30、宽15.5厘米，大孔径1.8、小孔径1.5厘米。

石犁壁

石钺

战国时期石器，采集于三合潭遗址。平面呈近似正方形，顶部圆弧，体扁平，中间有一个两面钻的大圆孔，弧刃锋利。长9.5、宽8.3厘米。

石钺

战国时期石器，出土于三合潭遗址。平面略呈长方形，体扁薄，制作精细。顶部较平，侧腰平直，中部对穿一个大圆孔，圆弧刃，刃部有崩裂的豁口。长9、宽7.5厘米。

石钺

石钺

石凿

石铲

石刀

石凿

战国时期石器，采集于三合潭遗址。黑色花岗岩质，有段，端部断面近似正方形，四边平整，单面刃，刃部锋利，尾端有打击痕。长20、最宽处3.2厘米。

石铲

战国时期石器，出土于三合潭遗址。棕黄色，平面略呈梯形，略残，通体磨光。顶部较平，两侧腰斜直，顶端两面钻一个大圆孔，圆弧刃，有使用痕迹。长14.5厘米。

石刀

战国时期石器，出土于三合潭遗址。石质坚硬，色如铁锈。平面略呈梯形，侧较宽而另一侧稍窄。弧背左右两边各有一个圆孔，单面刃，刃部有使用痕迹。长32厘米。

陶杯

陶器，出土于三合潭遗址。敛口，深弧腹下收，平底内凹。似为东周时期印纹硬陶，外壁饰细布纹，底粗糙无纹饰。高6.5、口径9、底径6厘米。

陶杯

战国时期陶器，出土于三合潭遗址，苏财宝、张宗辉捐献。大小2件，浅黄色，均为敞口，壁斜向内收，平底。内、外壁有旋坯留下的旋纹。大件高3、口径5.7、底径3.5厘米，小件高2.5、口径5.1、底径2.5厘米。

陶纺轮

陶器，出土于三合潭遗址。一共2件，算珠形，中间上下穿孔。利用泥质灰陶磨制而成。直径3.5、孔径0.5厘米。

陶杯

陶杯

陶纺轮

陶碗

原始瓷狗

陶碗

陶器，出土于三合潭遗址。敞口、浅弧腹、平底、假圈足。造型较规整，底部制作粗糙。高3.8、口径10.9、底径5.1厘米。

原始瓷狗

东周时期原始青瓷，是2001年5～7月浙江省文物考古工作者对三合潭遗址进行考古发掘时出土的。仅塑出大致形状，造型古朴，憨态可掬。长7、高4.5厘米。

陶盘口壶

晋代陶器，出土于玉城街道垟青村。浅盘口，短束颈，圆肩，圆鼓腹下收，小平底。肩部有对称的两个双条桥形系。通高30、口径6、底径11厘米。

釉陶四系罐

宋代釉陶器，征集于玉城街道东吞里村。口沿平斜外突，腹壁直而略斜收，平底稍内凹，肩部有4个桥形系。表面施青绿色釉，下部有凸弦纹。通高20.4、口径5、底径6.2厘米。

釉陶罐

宋代釉陶器，征集于玉城街道东吞里村。短直口，深腹微鼓，小平底。肩部有对称的两个环系，内、外壁施淡黄釉。高14.5、口径11、底径8厘米。

陶盘口壶

釉陶四系罐

釉陶罐

青瓷盂

青瓷豆

青瓷盂

瓷器，出土于三合潭遗址，阙日友捐献。直口，圆唇，斜肩，折腹下收，平底，高圈足外撇。肩部堆贴S形纹饰三个，并饰锥刺纹带，外饰两周弦纹，圈足底部划有"一"字。灰胎，施青绿色釉，外底无釉。通高4.5、腹深2、口径8.2、底径6厘米。

青瓷豆

瓷器，出土于三合潭遗址。直口，口内沿凸起，腹向内弧收，平底，圈足外撇。灰白胎，施绿釉，釉层极不均匀，凝聚成泪痕和块，釉厚处呈黑褐色。该器用泥条盘筑法成型，圈足是后粘上去的，接缝明显。通高4.5～5.5、口径14.4、底径8.3～8.9、腹径2.9厘米。

青瓷四系罐

西晋青瓷器。黄褐色，直口，短颈，圆肩，鼓腹下收，小平底。肩部有4个等距离分布的横桥形系，并饰有一圈菱形纹带。器身施青釉，底部露胎，口沿及肩部有磕缺。高8.5、口径6.5、底径5、最大腹径10.7厘米。

青瓷四系罐

长沙窑瓷执壶

唐代长沙窑模印贴花瓷器，发现于玉城街道东门社区矮山。喇叭口，长束颈，溜肩，深弧腹，平底，假圈足。腹一侧有流，为八棱短流，手工用刀削出。另一侧有一长柄，连接颈与肩部。肩部还有半环形三条系一对。浅黄色胎，釉色青中泛黄，有细密裂纹。在流和两个系的下面各有一片模印贴花，流下为直立状狮子图案，两个系下分别为椰枣纹和棕榈纹。通高16.7、口径9.5、底径8.3、最大腹径12.1厘米。

长沙窑瓷执壶

青瓷玉璧底碗

青瓷玉璧底碗

青瓷执壶

青瓷玉璧底碗

唐代瓷器。黄绿色，大敞口，斜腹，玉璧底。通体施黄绿色釉，底部露出褐色胎，碗口沿有磕缺。高3.9、口径14.2、底径6.1厘米。

青瓷玉璧底碗

唐代瓷器。黄绿色，大敞口，斜腹，玉璧底。通体施黄绿色釉，底部露出褐色胎。高4、口径14.8、底径5.9厘米。

青瓷执壶

瓷器，出土于玉城街道南北村。侈口，束颈，瓜棱形深腹，平底，假圈足，腹一侧有一短流。通体施青釉，均匀滋润，短流略残。通高5.5、口径1.8、腹径3.5、底径2厘米。

瓷壶

宋代瓷器。胎呈红褐色，小盘口，高直领，圆肩，深弧腹下收，平底。肩部刻划花卉形图案，腹部竖划5道水波纹，从肩部纵贯至底部。通体施釉，但大部分剥落。通高18.4、口径7.2、底径5.8、最大腹径12.7厘米。

青瓷碗

元代瓷器，出土于玉城街道沙鳝村。一共2件，制作精良。敞口，浅弧腹，平底，矮圈足。胎质坚硬，内、外壁均施青绿釉。通高11、口径17、底径5.5厘米。

宋代瓷壶

青瓷碗

青瓷洗

黑瓷钵

青花缠枝花卉纹瓷罐

黑瓷钵

元代瓷器，出土于玉城街道垟青村。直口微敛，深弧腹，下腹部饰莲瓣纹，平底。内、外壁均施黑釉，釉较厚，底露胎。高6、口径18.5厘米。

青瓷洗

明代瓷器，征集于玉城街道沙呑村。敞口，浅腹，坦底，矮圈足。内、外壁均施淡青釉，腹壁泛黄褐色，器身有冰裂纹。通高3、口径13、底径8厘米。

青花缠枝花卉纹瓷罐

明代青花瓷器，出土玉城街道县前社区。短颈，溜肩，圆鼓腹下收，平底。通体施釉，釉色光洁。口下饰弦纹3周，肩部饰覆莲瓣纹，腹部绘缠枝花卉，底足外侧饰粗弦纹两周。通高9、口径4.5、底径6厘米。

青花瓷瓶

清代瓷器，为玉环县文物管理部门旧藏。一共2件，形状相似，纹饰不同。均为盘口，长束颈，溜肩，深弧腹，平底。其中一件颈腹部饰牡丹锦鸡纹，另一件颈腹部绘高士图。通高43、口径18厘米。

五彩凤纹瓷瓶

清代瓷器，为玉环县文物管理部门旧藏。该器喇叭口，长束颈，溜肩，深弧腹，平底。腹部五彩绘出凤凰和牡丹纹。通高44、口径18厘米。

青花瓷瓶

五彩凤纹瓷瓶

五彩八仙纹瓷瓶

清代瓷器，为玉环县文物管理部门旧藏。小盘口，长束颈，溜肩，弧腹，平底。器外壁五彩绘出八仙，立在祥云之上。通高43、口径17厘米。

粉彩竹林七贤瓷瓶

清代瓷器，为玉环县文物管理部门旧藏。喇叭口，长束颈，溜肩，弧腹下收，平底。器外壁粉彩描绘七贤的悠闲生活，并以竹林和山石作背景。画面上方有题款。通高42、口径18厘米。

五彩八仙纹瓷瓶

粉彩竹林七贤瓷瓶

青花人物纹瓷瓶

清代瓷器，为玉环县文物管理部门旧藏。喇叭口，长颈，折肩，深腹，腹下部内收，平底，矮圈足。画面上二人站立作攀谈状，以虬枝柳树为背景。器外壁施釉，但在肩部和下腹部无釉，并且做成褐色，意在模仿铜器效果。通高44.5、口径17厘米。

白瓷乌龙纹瓷瓶

清代瓷器，为玉环县文物管理部门旧藏。喇叭口，束颈，圆肩，鼓腹下收，平底。白瓷，器表施釉，有冰裂纹，并且浮雕两条黑色龙纹，为二龙戏环图案。通高43.5、口径17厘米。

青花人物纹瓷瓶　　　　　　　　白瓷乌龙纹瓷瓶

粉彩盘龙天球瓶

清代瓷器，为玉环县文物管理部门旧藏。直口，细长直颈，圆球形腹，平底。粉彩瓷器，颈部贴塑一条红色四爪龙，盘绕在瓶颈上。颈部饰缠枝莲纹，并以回纹作上下边饰；腹部绘高士图，宅地府院作简化处理。通高40、口径7厘米。

斗彩瓷尊

清代瓷器，为玉环县文物管理部门旧藏。大喇叭口，微折肩，直腹，腹下部内折，高圈足。斗彩，图案分为上中下三部分。上层似为夫妻对坐图，上方题款"大明万历年制"，为清仿。中层绘日常物品，下层为折枝瓜果。通高25.5、口径11.3厘米。

粉彩盘龙天球瓶

斗彩瓷尊

青花六角瓷瓶

清代瓷器，为玉环县文物管理部门旧藏。体截面呈六角星形，大喇叭口，短束颈，折肩，斜直腹下收，平底，矮圈足外撇。器外壁绘山水画。远处山峦起伏，疏木点缀其间；中段绘干栏式房屋，错落排于树下；近处小桥流水，有樵夫荷柴，正从桥上经过。通高32厘米。

日本瓷瓶

瓷器，玉环县文物管理部门旧藏。此为18世纪日本瓷器。喇叭口，束颈，圆肩，腹呈棒槌形，平底。以人物为主，满瓶装饰背景图案。该瓷色彩厚重、丰富、艳丽，为19世纪日本产的外销瓷器。通高40、口径12厘米。

青花六角瓷瓶

日本瓷瓶

"和合同心"玉牌

"和合同心"玉牌

清代玉器。玉质洁白润泽，器物雕琢精细。平面略呈长方形，两面均为浅浮雕。正面刻一短发孩童，团身而坐，手捧圆盒，寓意"好合"，上下均衬以如意云朵纹。此为"和合二仙"图案。背面刻"和合同心"四字，上下也衬以云纹。玉牌上端有一小孔，用来系挂。长7、宽4.9、厚0.7厘米。

圆形人物纹玉牌

圆形吉祥图案玉牌

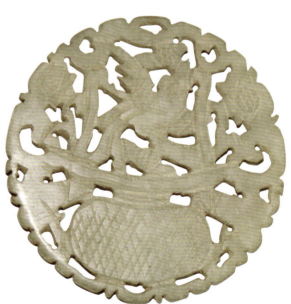

圆形渔篓鸟纹玉牌

圆形花朵纹玉牌

圆形珠(蛛)联璧合玉牌

圆形吉(戟)庆(磬)福(蝠)平(瓶)玉牌

圆形玉牌饰

玉器6件，为玉环县文物管理部门旧藏。镂空雕琢图案，种类有团花、鱼篓鸟纹、珠（蜘蛛）联璧（玉璧）合、吉（戟）庆（磬）福（蝠）平（瓶）、吉祥图案、人物等，制作精美。

长圆形玉牌饰

玉器，为玉环县文物管理部门旧藏。镂雕凤鸟纹。凤鸟站立在山石上，引颈回首，尾羽部分下垂，另一部分翘起于头上。背景有花卉图案。

玛瑙马

玛瑙质，为玉环县文物管理部门旧藏。马作卧伏状，雕琢精细。

长圆形玉牌饰

玛瑙马

玉饰件

玉器，人物、花卉图案等，为玉环县文物管理部门旧藏。

"福"字玉牌饰

玉饰件

高桥翠谷
《月夜双狐》图轴

此画为日本画家高桥翠谷所作，纵223.3、横51.7厘米。绢本设色，立轴，描绘的是月夜下二狐在草丛中觅食的情景。月光明亮，二狐体态肥硕，毛发厚密，眼神狡黠。左下角落款"日本谷"，落款下方有朱文方印"高桥翠谷"。

小隱在江干茅廬亦易安庖廚供白小籬落蔓黃團蹭蹬馮唐老飄零范叔寒世情終迫隘醉眼覺天寬

禹欽先生
淡庵

林任望
《行书五律》诗轴

此书轴为林任望所作，纵240.3、横56.8厘米。纸本，立轴，行草相结合。内容为陆游的《小隐》："小隐在江干，茅庐亦易安。庖厨供白小，篱落蔓黄团。蹭蹬冯唐老，飘零范叔寒。世情终迫隘，醉眼觉天宽。"左下角落款"禹钦先生"、"淡庵"，落款处下方有朱文方印"林仁王印"。

据《玉环县志》记载：林任望（1891～1972年），又名仁王，号雪禅，今楚门镇人。民国元年（1912年），林任望受民主思潮影响，毅然投笔从戎，参与光复上海的战斗，获得铜像纪念章。1928年春，楚门东方小学创办，他应聘出任校长。同年8月，在东方小学内创办玉环第一所中学——东方中学。其书法功力扎实，造诣颇深。

西晋青釉卧狮形插器

东晋越窑点褐彩鸡首瓶

东晋越窑点褐彩双系尊

越窑青瓷盘口盂

五代越窑秘色瓷钵

五代秘色瓷茶托

五代越窑莲花纹青瓷茶托

晚唐越窑莲花纹青瓷盘

北宋越窑花卉纹秘色粉盒

清康熙鸟食罐

清道光粉彩高足盘

清同治青花瓷盘

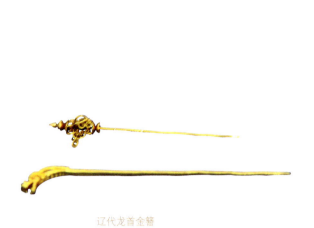

辽代龙首金簪

明代金镶玉簪、耳环

清末民初金耳环

清代金皮带扣

鎏金葵口碗

明代梅花纹玉簪

竹雕笔筒

竹雕

捌 文物数据资料和图表

表一

玉环县不可移动文物一览表（截至2011年1月）

序号	名称	乡镇	行政村居	大类	类别（子类）	年代	
1	三合潭遗址	玉城街道	南山村	古遗址	聚落址		商周
2	东山湖墩	玉城街道	小水埠村	古遗址	军事设施遗址		明至清
3	深浦岭头烟墩	玉城街道	海边村	古遗址	军事设施遗址		清
4	东青古驿道	玉城街道	东青村	古遗址	驿站古道遗址		清
5	庞步元墓	玉城街道	县东社区	古墓葬	名人或贵族墓	清咸丰七年（1857）	清
6	庞鸿鸯墓	玉城街道	县东社区	古墓葬	名人或贵族墓	清光绪二十年（1894）	清
7	江岚墓	玉城街道	沙岙村	古墓葬	名人或贵族墓	清同治十三年（1874）	清
8	柯荐华墓	玉城街道	西溪社区	古墓葬	普通墓葬	清道光十二年（1832）	清
9	庠生王屏翰墓	玉城街道	乌岩村	古墓葬	普通墓葬	清嘉庆十四年（1809）	清
10	众福堂丘尼墓	玉城街道	前塘岸村	古墓葬	普通墓葬	清道光二十四年（1844）	清
11	周汉男墓	玉城街道	南山村	古墓葬	普通墓葬	清乾隆五十二年（1787）	清
12	周光灿墓	玉城街道	南山村	古墓葬	普通墓葬	清道光三年（1823）	清
13	方石井	玉城街道	县前社区	古建筑	池塘井泉	清乾隆三十三年（1768）	清
14	西城路老街区	玉城街道	西门社区	古建筑	店铺作坊		清
15	西山石供桥	玉城街道	西山村	古建筑	桥涵码头		清
16	洋池状元桥	玉城街道	东门社区	古建筑	桥涵码头	清嘉庆八年（1803）	清
17	靖海桥	玉城街道	东门社区	古建筑	桥涵码头	清嘉庆十八年（1813）	清
18	下段平水禹王庙	玉城街道	下段村	古建筑	坛庙祠堂		清
19	沙岙江家祠堂	玉城街道	沙岙村	古建筑	坛庙祠堂		清
20	章十三元帅庙戏台	玉城街道	环西村	古建筑	坛庙祠堂	清乾隆四十七年（1782）	清
21	章长林民居	玉城街道	章家村	古建筑	宅第民居		清
22	王宛平民居	玉城街道	西门社区	古建筑	宅第民居		清
23	林德苗民居	玉城街道	鳞排塘村	古建筑	宅第民居	清道光十三年（1833）	清
24	江华才民居	玉城街道	沙岙村	古建筑	宅第民居		清
25	少霞洞	玉城街道	西溪社区	石窟寺及石刻	其他石刻		清
26	《圣训诗》石刻	玉城街道	西山村	石窟寺及石刻	其他石刻	民国十年（1921）	民国
27	丁際林民居	玉城街道	西门社区	近现代重要史迹及代表性建筑	传统民居		民国
28	吕大荣民居	玉城街道	环城村	近现代重要史迹及代表性建筑	传统民居		20世纪50年代
29	刘文奏民居	玉城街道	海边村	近现代重要史迹及代表性建筑	传统民居		1971年
30	玉环电厂烟囱	玉城街道	南山村	近现代重要史迹及代表性建筑	工业建筑及附属物		1969年
31	牛脊岭岭廊	玉城街道	西山村	近现代重要史迹及代表性建筑	交通道路设施	民国十年（1921）	民国
32	海边深浦岭头路廊	玉城街道	海边村	近现代重要史迹及代表性建筑	交通道路设施		20世纪60年代
33	玉环供销社国营饭店旧址	玉城街道	西门社区	近现代重要史迹及代表性建筑	金融商贸设施		1961年
34	玉环县供销合作社城南分社旧址	玉城街道	环城村	近现代重要史迹及代表性建筑	金融商贸设施		1953年
35	革命烈士纪念塔、墓	玉城街道	县前社区	近现代重要史迹及代表性建筑	烈士墓及纪念设施		1959年

序号	名 称	地 址		类 别			年 代
		乡 镇	行政村居	大 类	别	子 类	
36	抗战阵亡将士墓	王城街道	西溪社区	近现代重要史迹及代表性建筑		烈士墓及纪念设施	民国（1938—1940）
37	戚继光平倭纪念碑	王城街道	犁头嘴村	近现代重要史迹及代表性建筑		烈士墓及纪念设施	民国二十二年（1933）
38	玉环县文教楼	王城街道	西溪社区	近现代重要史迹及代表性建筑		文化教育建筑及附属物	20世纪50年代
39	城东赵元帅庙	王城街道	城东村	近现代重要史迹及代表性建筑		宗教建筑	民国
40	仓坑观音堂	王城街道	仓坑村	近现代重要史迹及代表性建筑		宗教建筑	20世纪70年代
41	250号水准点	王城街道	西溪社区	近现代重要史迹及代表性建筑		其他近现代重要史迹及代表性建筑	民国二十二年（1933）
42	东青义冢	王城街道	东青村	近现代重要史迹及代表性建筑		其他近现代重要史迹及代表性建筑	民国
43	东门村村部旧址	王城街道	东门社区	近现代重要史迹及代表性建筑		其他近现代重要史迹及代表性建筑	1924年
44	陈隆银墓	王城街道	龟山村	其他			民国二十五年（1936）
45	章昌言墓	王城街道	渔岙村	其他			民国十七年（1928）
46	黄门山头烟墩	坎门街道	黄门村	古遗址		军事设施遗址	明
47	小里盃砺灰窑址	坎门街道	里澳社区	古遗址		窑址	清
48	中市街	坎门街道	后沙社区	古建筑		店铺作坊	清至民国
49	前街码头	坎门街道	后沙社区	古建筑		坊间桥堂	清康熙八年（1669）
50	小里盃岭头路廊	坎门街道	双丰村	古建筑		亭台楼阙	清光绪十年（1884）
51	钓艚岭头路廊	坎门街道	坎门社区	古建筑		亭台楼阙	清
52	路脚盛氏三合院	坎门街道	里澳社区	古建筑		宅第民居	清
53	梁誓寿四合院	坎门街道	花岩礁村	古建筑		宅第民居	清
54	梁珠宝四合院	坎门街道	花岩礁村	古建筑		宅第民居	清光绪年间
55	梁顺中四合院	坎门街道	红旗社区	古建筑		宅第民居	清
56	郑念苹四合院	坎门街道	红旗社区	古建筑		宅第民居	清
57	梁世清四合院	坎门街道	东沙社区	古建筑		宅第民居	清
58	东沙陈氏四合院	坎门街道	东安村	古建筑		宅第民居	清
59	防如华四合院	坎门街道	灯塔社区	古建筑		宅第民居	清
60	李阿银三合院	坎门街道	坎门社区	石窟寺及石刻		碑刻	清末
61	天后圣母宫奉先勒碑	坎门街道	鹰东社区	近现代重要史迹及代表性建筑		碑刻	清同治六年（1867）
62	陈温梦民居	坎门街道	鹰东社区	近现代重要史迹及代表性建筑		传统民居	民国三十五年（1946）
63	朱光环民居	坎门街道	里澳社区	近现代重要史迹及代表性建筑		传统民居	民国
64	王秀林民居	坎门街道	坎中社区	近现代重要史迹及代表性建筑		传统民居	1946年
65	中市街陈氏民居	坎门街道	坎中社区	近现代重要史迹及代表性建筑		传统民居	民国
66	爱吾庐	坎门街道	坎中社区	近现代重要史迹及代表性建筑		传统民居	民国
67	二条岭集体厝	坎门街道	坎门社区	近现代重要史迹及代表性建筑		传统民居	20世纪70年代
68	翁国华民居	坎门街道	坎门社区	近现代重要史迹及代表性建筑		传统民居	民国
69	外江胡、刘四合院	坎门街道	黄门村	近现代重要史迹及代表性建筑		传统民居	民国二十八年（1939）
70	李孙志四合院	坎门街道	花岩礁村	近现代重要史迹及代表性建筑		传统民居	民国十四年（1925）

序号	名称	地址 乡镇	地址 行政村居	类别 大类	类别 子类	年代
71	黄国武四合院	坎门街道	花岩礁村	近现代重要史迹及代表性建筑	传统民居	民国
72	胡沙头陈氏四合院	坎门街道	胡沙头社区	近现代重要史迹及代表性建筑	传统民居	民国
73	后沙公房	坎门街道	后沙社区	近现代重要史迹及代表性建筑	传统民居	民国
74	叶细金民居	坎门街道	东沙社区	近现代重要史迹及代表性建筑	传统民居	民国
75	林祥金四合院	坎门街道	灯塔社区	近现代重要史迹及代表性建筑	传统民居	民国二十三年（1943）
76	许加顺四合院	坎门街道	灯塔社区	近现代重要史迹及代表性建筑	传统民居	民国
77	李福清民居	坎门街道	灯塔社区	近现代重要史迹及代表性建筑	传统民居	民国
78	李黄琪民居	坎门街道	灯塔社区	近现代重要史迹及代表性建筑	传统民居	民国
79	罗顺尝民居	坎门街道	灯塔社区	近现代重要史迹及代表性建筑	传统民居	民国
80	民主渔业大队造船厂	坎门街道	坎中社区	近现代重要史迹及代表性建筑	工业建筑及附属物	1961年
81	玉环利床厂	坎门街道	海城社区	近现代重要史迹及代表性建筑	工业建筑及附属物	1969年
82	坎门钓艚岭	坎门街道	坎门社区	近现代重要史迹及代表性建筑	交通道路设施	民国
83	普安灯塔	坎门街道	东沙社区	近现代重要史迹及代表性建筑	交通道路设施	民国十四年（1925）
84	坎门服装社旧址	坎门街道	坎中社区	近现代重要史迹及代表性建筑	金融商贸建筑	1965年
85	东衔尤氏扁仓	坎门街道	坎门社区	近现代重要史迹及代表性建筑	金融商贸建筑	民国
86	坎门水产公司旧址	坎门街道	胡沙头社区	近现代重要史迹及代表性建筑	金融商贸建筑	20世纪50年代
87	中市益群客栈	坎门街道	后沙社区	近现代重要史迹及代表性建筑	金融商贸建筑	民国
88	中市街店面房	坎门街道	后沙社区	近现代重要史迹及代表性建筑	金融商贸建筑	20世纪50年代
89	后坪解放军营房	坎门街道	双丰村	近现代重要史迹及代表性建筑	军事建筑及设施	1953年
90	南排山碉堡	坎门街道	坎门社区	近现代重要史迹及代表性建筑	军事建筑及设施	1952年
91	南排山军事设施	坎门街道	坎门社区	近现代重要史迹及代表性建筑	军事建筑及设施	1952年
92	半山解放军营房	坎门街道	黄门村	近现代重要史迹及代表性建筑	军事建筑及设施	1953年
93	八角井解放军营房	坎门街道	胡沙头社区	近现代重要史迹及代表性建筑	军事建筑及设施	1953年
94	东沙解放军营房	坎门街道	东沙村	近现代重要史迹及代表性建筑	军事建筑及设施	20世纪40年代
95	龙虎山碉堡	坎门街道	东安村	近现代重要史迹及代表性建筑	军事建筑及设施	1951年
96	龙虎山军事设施	坎门街道	东安村	近现代重要史迹及代表性建筑	军事建筑及设施	1951年
97	裕堂下水井	坎门街道	后沙社区	近现代重要史迹及代表性建筑	水利设施及附属物	民国
98	薄泉	坎门街道	海港社区	近现代重要史迹及代表性建筑	水利设施及附属物	民国二十九年（1940）
99	坎门文革遗址	坎门街道	振兴社区	近现代重要史迹及代表性建筑	其他近现代重要史迹及代表性建筑	20世纪70年代
100	坎门天文点遗址	坎门街道	坎门社区	近现代重要史迹及代表性建筑	其他近现代重要史迹及代表性建筑	民国二十六年（1937）
101	坎门验潮所	坎门街道	灯塔社区	近现代重要史迹及代表性建筑	其他近现代重要史迹及代表性建筑	民国
102	曾家古城遗址	大麦屿街道	曾家村	古遗址	城址	元末
103	福杨烟墩	大麦屿街道	福杨村	古遗址	军事设施遗址	明洪武
104	内岙铁矿冶遗址	大麦屿街道	新园村	古遗址	矿冶遗址	明、清
105	林正阳墓	大麦屿街道	桥头村	古墓葬	名人或贵族墓	清咸丰八年（1858）

序号	名称	地址		类别		年代
		乡镇	行政村居	大类	子类	
106	林青阳墓	大麦屿街道	七丘田村	古墓葬	名人或贵族墓葬	清咸丰七年（1857）
107	双峰刘氏墓	大麦屿街道	双峰社区	古墓葬	普通墓葬	清
108	双节坊	大麦屿街道	小古顺村	古建筑	牌坊影壁	清道光二十九年（1849）
109	桥头卷洞桥	大麦屿街道	桥头村	古建筑	桥涵码头	清
110	水口石拱桥	大麦屿街道	连屿村	古建筑	桥涵码头	清乾隆年间
111	内岙曾氏宗祠	大麦屿街道	新固村	古建筑	坛庙祠堂	清光绪三十二年（1906）
112	鲜迭杨府侯王庙	大麦屿街道	鲜迭社区	古建筑	坛庙祠堂	清光绪十五年（1889）
113	下青塘平水禹王庙	大麦屿街道	下青塘村	古建筑	坛庙祠堂	清乾隆年间
114	仓里黄氏宗祠	大麦屿街道	下青塘村	古建筑	坛庙祠堂	清同治七年（1868）
115	镇海宫	大麦屿街道	五一村	古建筑	坛庙祠堂	清
116	鹭鸶礁杨府侯王庙	大麦屿街道	鹭鸶礁村	古建筑	坛庙祠堂	清乾隆年间
117	内湾沈氏民居	大麦屿街道	新塘村	古建筑	宅第民居	清
118	林明贵四合院	大麦屿街道	鲜迭社区	古建筑	宅第民居	清光绪十五年（1889）
119	刘回刘氏四合院	大麦屿街道	刘回村	古建筑	宅第民居	清乾隆
120	朝阳金氏民居	大麦屿街道	朝阳村	古建筑	宅第民居	清
121	岭头观音堂公示碑	大麦屿街道	岭头村	石窟寺及石刻	碑刻	清光绪年间
122	朝阳堂石碑	大麦屿街道	横坑村	石窟寺及石刻	碑刻	清道光十六年（1836）
123	上青塘进士夹杆石	大麦屿街道	上青塘村	石窟寺及石刻	其他石刻	清嘉庆十八年（1813）
124	黄晓春四合院	大麦屿街道	鲜迭社区	近现代重要史迹及代表性建筑	传统民居	民国
125	李启顺四合院	大麦屿街道	鲜迭社区	近现代重要史迹及代表性建筑	传统民居	民国
126	赵柏昌民居	大麦屿街道	鲜迭社区	近现代重要史迹及代表性建筑	传统民居	民国
127	胡万民居	大麦屿街道	鲜迭社区	近现代重要史迹及代表性建筑	传统民居	民国
128	吴继瑞民居	大麦屿街道	大麦屿社区	近现代重要史迹及代表性建筑	传统民居	民国
129	鲜迭渔网编织厂旧址	大麦屿街道	鲜迭社区	近现代重要史迹及代表性建筑	工业建筑及附属物	民国二十四年（1935）
130	连城碉堡	大麦屿街道	里墩村	近现代重要史迹及代表性建筑	军事建筑及设施	民国
131	里墩斗门	大麦屿街道	里墩村	近现代重要史迹及代表性建筑	水利设施及附属物	1962年
132	普中闸	大麦屿街道	斗门头村	近现代重要史迹及代表性建筑	水利设施及附属物	20世纪60年代
133	陈屿镇供销社旧址	大麦屿街道	双峰社区	近现代重要史迹及代表性建筑	其他近现代重要史迹及代表性建筑	民国
134	陈屿镇粮管所旧址	大麦屿街道	双峰社区	近现代重要史迹及代表性建筑	其他近现代重要史迹及代表性建筑	20世纪50年代
135	石峰山牛场围墙	大麦屿街道	石峰山村	近现代重要史迹及代表性建筑	其他近现代重要史迹及代表性建筑	民国
136	陈屿邮电局旧址	大麦屿街道	刘回社区	近现代重要史迹及代表性建筑	其他近现代重要史迹及代表性建筑	1956年
137	藤巴山	大麦屿街道	镶额村	其他		不详
138	灵山寺遗址	楚门镇	东西村	古遗址	寺庙遗址	唐
139	东岙岙址	楚门镇	东西村	古遗址	窑址	清
140	陈参墓	楚门镇	东西村	古墓葬	名人或贵族墓葬	明万历十九年（1591）

序号	名称	地址		类别			年代
		乡镇	行政村居	大类	类别	子类	
141	余连贵墓	楚门镇	西南村	古墓葬	普通墓葬		清道光三年（1823）
142	田岙冯氏古井	楚门镇	田岙村	古建筑	池塘井泉		清
143	上井头古井	楚门镇	田岙村	古建筑	池塘井泉		明洪武年间
144	彭家宅古井	楚门镇	彭家村	古建筑	池塘井泉		清末
145	天马山方井	楚门镇	马山村	古建筑	池塘井泉		清道光二十八年（1848）
146	龙溪井	楚门镇	筠岗村	古建筑	池塘井泉		宋
147	灵山井	楚门镇	东西村	古建筑	池塘井泉		宋
148	戴明古井	楚门镇	东西村	古建筑	池塘井泉		清
149	丫簪古泉	楚门镇	城郊村	古建筑	池塘井泉		清嘉庆十二年（1807）
150	田岙碶桥	楚门镇	田岙村	古建筑	桥涵码头		清
151	石角卷洞桥	楚门镇	石角村	古建筑	桥涵码头		清
152	东岙关庙戏台	楚门镇	东西村	古建筑	坛庙祠堂		清
153	济埋寺移置凭勘碑	楚门镇	筠岗村	石窟寺及石刻	碑刻		清道光二十二年（1842）
154	楚门城隍庙福佑社碑记	楚门镇	东门村	石窟寺及石刻	碑刻		民国十三年（1924）
155	楚门石狮	楚门镇	西南村	石窟寺及石刻	石雕		清光绪十一年（1885）
156	后门山头碗窑	楚门镇	应家村	近现代重要史迹及代表性建筑	工业建筑及附属物		20世纪70年代
157	山北碾米厂	楚门镇	山北村	近现代重要史迹及代表性建筑	工业建筑及附属物		1971年
158	石角平纹桥	楚门镇	石角村	近现代重要史迹及代表性建筑	交通道路设施		20世纪50年代
159	大山头路廊	楚门镇	龙王村	近现代重要史迹及代表性建筑	交通道路设施		民国
160	丁岙路廊	楚门镇	丁岙村	近现代重要史迹及代表性建筑	交通道路设施		20世纪六、七十年代
161	楚门银行旧址	楚门镇	谷水村	近现代重要史迹及代表性建筑	金融商贸建筑		民国二十六年（1937）
162	戴礼墓	楚门镇	蒲田村	近现代重要史迹及代表性建筑	名人墓		民国（1935年）
163	羊角山水渠	楚门镇	东西村	近现代重要史迹及代表性建筑	水利设施及附属物		1966年
164	东方小学旧址	楚门镇	谷水村	近现代重要史迹及代表性建筑	重要历史事件和重要机构旧址		民国二十八年（1939）
165	山北酒厂	楚门镇	山北村	近现代重要史迹及代表性建筑	其他近现代代表性建筑		1977年
166	港北盐务所	楚门镇	山北村	近现代重要史迹及代表性建筑	其他近现代代表性建筑		1978年
167	陈灰祥碉楼	楚门镇	三联村	近现代重要史迹及代表性建筑	其他近现代代表性建筑		民国
168	田马公社旧址	楚门镇	三联村	近现代重要史迹及代表性建筑	其他近现代代表性建筑		1961年
169	外塘气象站旧址	楚门镇	胡新村	近现代重要史迹及代表性建筑	其他近现代代表性建筑		20世纪50年代
170	西岙陈氏碉楼	楚门镇	东西村	近现代重要史迹及代表性建筑	其他近现代代表性建筑		民国三十五年（1946）
171	苔山寨城遗址	清港镇	苔山村	古遗址	城址		清
172	测头山烟墩	清港镇	凡宏村	古遗址	军事设施遗址		明至清
173	陈鸣商墓	清港镇	樟岙村	古墓葬	名人或贵族墓		清
174	王丽生墓	清港镇	凡宏村	古墓葬	名人或贵族墓		清光绪三十一年（1905）
175	岸生陈连塘墓	清港镇	中联村	古墓葬	普通墓葬		清同治四年（1865）

序号	名 称	乡 镇	行政村居	大 类	类 别	子 类	年 代
176	岸生林炎溪墓	清港镇	儿宏村	古墓葬		普通墓葬	清嘉庆二十四年（1819）
177	中央屋高氏水井	清港镇	樟岙村	古建筑		池塘井泉	清
178	三退古井	清港镇	前赵村	古建筑		池塘井泉	清
179	洋氏古井	清港镇	前路村	古建筑		池塘井泉	清代
180	樊塘	清港镇	上凡村	古建筑		堤坝埭塘	南宋宝祐年间（1253-1258）
181	下淤斗闸	清港镇	下淤村	古建筑		其他古建筑	清
182	盐坊行双眼斗闸	清港镇	劳斗村	古建筑		桥涵码头	清
183	樟岙大帝庙戏台	清港镇	樟岙村	古建筑		坛庙祠堂	清同治四年（1865）
184	赵宇德民居	清港镇	中赵村	古建筑		宅第民居	清咸丰六年（1856）
185	筱头修路碑	清港镇	后排村	石窟寺及石刻		碑碣	民国十四年（1925）
186	洄头路廊奉令勒碑	清港镇	凡宏村	石窟寺及石刻		碑碣	民国七年（1918）
187	苏彩凤民居	清港镇	中赵村	近现代重要史迹及代表性建筑		传统民居	20世纪70年代
188	胡哲东民居	清港镇	垟根村	近现代重要史迹及代表性建筑		传统民居	民国
189	应夏生民居	清港镇	夏岭村	近现代重要史迹及代表性建筑		传统民居	民国
190	陈歪梅民居	清港镇	西岙村	近现代重要史迹及代表性建筑		传统民居	民国三十年（1941）
191	金招嫦民居	清港镇	双郏塘村	近现代重要史迹及代表性建筑		传统民居	20世纪50年代末
192	王灵国民居	清港镇	礁西村	近现代重要史迹及代表性建筑		传统民居	20世纪70年代
193	龙头岭路廊	清港镇	垟根村	近现代重要史迹及代表性建筑		交通道路设施	20世纪50年代
194	玉升桥	清港镇	清南村	近现代重要史迹及代表性建筑		交通道路设施	1983年
195	大雷头王营房遗址	清港镇	大雷头村	近现代重要史迹及代表性建筑		军事建筑及设施	20世纪50年代
196	王礼柄烈士墓	清港镇	王家村	近现代重要史迹及代表性建筑		烈士墓及纪念设施	1962年
197	潘公元烈士墓	清港镇	苔山村	近现代重要史迹及代表性建筑		烈士墓及纪念设施	民国十九年（1930）
198	高肇梁墓	清港镇	樟岙村	近现代重要史迹及代表性建筑		名人墓	民国三十五年（1946）
199	郑枝芳墓	清港镇	樟岙村	近现代重要史迹及代表性建筑		名人墓	民国二十八年（1939）
200	西林陈氏墓	清港镇	西林村	近现代重要史迹及代表性建筑		名人墓	民国二十一年（1932）
201	同善塘泾闸	清港镇	下淤村	近现代重要史迹及代表性建筑		水利设施及附属物	1964年
202	苔山十三闸	清港镇	苔山村	近现代重要史迹及代表性建筑		水利设施及附属物	1971年
203	初军桥	清港镇	凡宏村	近现代重要史迹及代表性建筑		水利设施及附属物	1957年
204	茶头小学旧址	清港镇	茶头村	近现代重要史迹及代表性建筑		文化教育建筑及附属物	20世纪60年代
205	王家村医疗站旧址	清港镇	王家村	近现代重要史迹及代表性建筑		医疗卫生建筑	1976年
206	王家村碾米厂	清港镇	王家村	近现代重要史迹及代表性建筑		其他近现代重要史迹及代表性建筑	1971年
207	苔山调楼	清港镇	苔山村	近现代重要史迹及代表性建筑		其他近现代重要史迹及代表性建筑	民国二十九年（1940）
208	扫帚山村村部旧址	清港镇	扫帚山村	近现代重要史迹及代表性建筑		其他近现代重要史迹及代表性建筑	20世纪50年代
209	凡海村村部旧址	清港镇	凡海村	近现代重要史迹及代表性建筑		其他近现代重要史迹及代表性建筑	20世纪50年代
210	清港镇粮管所旧址	清港镇	东里村	近现代重要史迹及代表性建筑		其他近现代重要史迹及代表性建筑	20世纪50年代

序号	名 称	乡 镇	行政村居	大 类	类 别	子 类	年 代
211	世界名柚园	清港镇	盐业村	其他		其他	1980年
212	柏树台门	清港镇	柏台村	其他		其他	宋
213	井头古井	芦浦镇	井头村	古建筑		池塘井泉	清末
214	里岩金氏碉楼	芦浦镇	大塘村	古建筑		其他古建筑	清末
215	《纪恩诗》摩崖石刻	芦浦镇	道头村	石窟寺及石刻		摩崖石刻	清道光二十六年（1846）
216	漩门大坝	芦浦镇	漩门村	近现代重要史迹及代表性建筑		交通道路设施	1977年
217	道头派浦岭头头路廊	芦浦镇	道头村	近现代重要史迹及代表性建筑		交通道路设施	1973年
218	采桑岭头头路廊	芦浦镇	百丈村	近现代重要史迹及代表性建筑		交通道路设施	民国二十一年（1932）
219	万安新闸	芦浦镇	尖山村	近现代重要史迹及代表性建筑		水利设施及附属物	20世纪70年代
220	尖山吴氏碉楼	芦浦镇	尖山村	近现代重要史迹及代表性建筑		其他近现代重要史迹及代表性建筑	民国
221	隔岭潘氏碉楼	芦浦镇	隔岭村	近现代重要史迹及代表性建筑		其他近现代重要史迹及代表性建筑	民国
222	分水梁氏碉楼	芦浦镇	分水村	近现代重要史迹及代表性建筑		其他近现代重要史迹及代表性建筑	民国十八年（1929）
223	龚仁礼民居	芦浦镇		传统民居		传统民居	民国
224	栈台船埒	干江镇	下栈台村	近现代重要史迹及代表性建筑		工业建筑及附属物	20世纪70年代
225	上礁门路廊	干江镇	下栈台村	近现代重要史迹及代表性建筑		交通道路设施	20世纪六、七十年代
226	大观音礁路廊	干江镇	上礁门村	近现代重要史迹及代表性建筑		交通道路设施	20世纪50年代
227	小观音礁解放军营房	干江镇	白马岙村	近现代重要史迹及代表性建筑		军事建筑及设施	20世纪50年代初
228	吴德礼烈士墓	干江镇	东渔村	近现代重要史迹及代表性建筑		烈士墓及纪念设施	民国二十五年（1936）
229	王环坑盐场	干江镇	上栈台村	近现代重要史迹及代表性建筑		其他近现代重要史迹及代表性建筑	1958年
230	盐盘应氏碉楼	干江镇	坪坑村	近现代重要史迹及代表性建筑		其他近现代重要史迹及代表性建筑	民国
231	小闸水井	干江镇	盐盘村	古建筑		池塘井泉	明
232	张家老祠堂水井	沙门镇	小闸村	古建筑		池塘井泉	清道光年间
233	路上古井	沙门镇	南山村	古建筑		池塘井泉	清
234	洞溪桥	沙门镇	路上村	古建筑		桥涵码头	清
235	平环桥	沙门镇	水桶岙村	古建筑		桥涵码头	清光绪四年（1878）
236	洞边林氏祠堂	沙门镇	白岭下村	古建筑		坛庙祠堂	清
237	中心殿庙	沙门镇	洞边村	古建筑		坛庙祠堂	清嘉庆年间（1796—1820）
238	多宝院石碑	沙门镇	灵门村	石窟寺及石刻		碑刻	清光绪十五年（1889）
239	华坑瓦窑	沙门镇	瑶坑村	近现代重要史迹及代表性建筑		工业建筑及附属物	1975年
240	应攸源烈士墓	沙门镇	南山村	近现代重要史迹及代表性建筑		烈士墓及纪念设施	20世纪50年代初
241	中心街供销社旧址	沙门镇	瑶坑村	近现代重要史迹及代表性建筑		其他近现代重要史迹及代表性建筑	民国
242	灵山头碉堡	沙门乡	双斗村	古遗址		军事设施遗址	民国
243	法山头碉堡	龙溪乡	灵山头村	古遗址		军事设施遗址	清
244	胡鹏塘墓	龙溪乡	法山头村	古墓葬		名人或贵族墓	明嘉靖四十年（1561）
245	汪云峰墓	龙溪乡	渡头村	古墓葬		其它古墓葬	清宣统二年（1910）

序号	名 称	乡 镇	地 址 行政村居	类 别 大 类	子 类	年 代
246	大山头道院枯井	龙溪乡	渡头村	古建筑	池塘井泉	清
247	毛止熙旧宅台门	龙溪乡	山里村	古建筑	其他古建筑	清末
248	大山头道院三清殿	龙溪乡	渡头村	古建筑	坛庙祠堂	清
249	塘厂禁炷碑	龙溪乡	塘厂村	石窟寺及石刻	碑刻	明
250	山外张跃氏碉楼	龙溪乡	山外张村	近现代重要史迹及代表性建筑	其他近现代重要史迹及代表性建筑	民国
251	清泉井	鸡山乡	后岙村	古建筑	池塘井泉	清道光二十四年（1844）
252	洋屿关圣庙	鸡山乡	洋屿村	古建筑	坛庙祠堂	清
253	后岙武圣庙	鸡山乡	后岙村	古建筑	坛庙祠堂	清乾隆
254	洋屿民居群	鸡山乡	洋屿村	近现代重要史迹及代表性建筑	传统民居	20世纪50年代
255	张兆岳三合院	鸡山乡	后岙村	近现代重要史迹及代表性建筑	传统民居	民国二十三年（1934）
256	披山"铅锌矿"遗址	鸡山乡	披山村	近现代重要史迹及代表性建筑	工业建筑及附属物	民国
257	鸡公山灯塔	鸡山乡	洋屿村	近现代重要史迹及代表性建筑	交通道路设施	20世纪60年代
258	中岙码头	鸡山乡	披山村	近现代重要史迹及代表性建筑	交通道路设施	民国
259	洋屿军事设施	鸡山乡	洋屿村	近现代重要史迹及代表性建筑	军事建筑及设施	1952年
260	披山军事设施	鸡山乡	披山村	近现代重要史迹及代表性建筑	军事建筑及设施	民国至解放初
261	大鹿岛军事设施	鸡山乡	鸡南村	近现代重要史迹及代表性建筑	军事建筑及设施	1953年
262	小鹿岛解放军营房	鸡山乡	鸡南村	近现代重要史迹及代表性建筑	军事建筑及设施	1953年
263	披山王环伪政府办公遗址	鸡山乡	披山村	近现代重要史迹及代表性建筑	重要历史事件和重要机构旧址	20世纪50年代初
264	小坡山知青点	鸡山乡	披山村	近现代重要史迹及代表性建筑	重要历史事件纪念地或纪念设施	20世纪六、七十年代
265	鸡山知青点	鸡山乡	披山村	近现代重要史迹及代表性建筑	重要历史事件纪念地或纪念设施	20世纪六、七十年代
266	木鱼洞遗址	鸡山乡	披山村	近现代重要史迹及代表性建筑	重要历史事件纪念地或纪念设施	民国
267	大鹿岛知青点	鸡山乡	鸡南村	近现代重要史迹及代表性建筑	其他近现代重要史迹及代表性建筑	20世纪50至70年代
268	南滩寨城遗址	海山乡	南滩村	古遗址	城址	清顺治年间
269	西方庵奉佛传灯碑	海山乡	抛网村	石窟寺及石刻	碑刻	民国六年（1917）
270	西跳灯塔	海山乡	大青村	近现代重要史迹及代表性建筑	交通道路设施	20世纪50年代初
271	南滩营房	海山乡	南滩村	近现代重要史迹及代表性建筑	军事建筑及设施	民国三十七年（1948）
272	海山潮汐电站	海山乡	南滩村	近现代重要史迹及代表性建筑	水利设施及附属物	1972年
273	南滩旧抽水机房	海山乡	横床村	近现代重要史迹及代表性建筑	水利设施及附属物	20世纪60年代
274	山岗头基督教堂	海山乡	南滩村	近现代重要史迹及代表性建筑	宗教建筑	民国
275	海山盐务所	海山乡	横床村	近现代重要史迹及代表性建筑	其他近现代重要史迹及代表性建筑	20世纪50年代
276	东头碉楼	海山乡	南滩村	近现代重要史迹及代表性建筑	其他近现代重要史迹及代表性建筑	民国
277	西跳碉楼	海山乡	大青村	近现代重要史迹及代表性建筑	其他近现代重要史迹及代表性建筑	民国三十五年（1946）

表二　　　　　　　　　　玉环县不可移动文物分类表(截至2011年1月)

分　类		新发现文物	已公布文物	合　计
古遗址	洞穴址	0	0	0
	聚落址	0	1	1
	城址	2	1	3
	窑址	2	0	2
	窖藏址	0	0	0
	矿冶遗址	1	0	1
	古战场	0	0	0
	驿站古道遗址	1	0	1
	军事设施遗址	7	0	7
	桥梁码头遗址	0	0	0
	祭祀遗址	0	0	0
	水下遗址	0	0	0
	水利设施遗址	0	0	0
	寺庙遗址	1	0	1
	宫殿衙署遗址	0	0	0
	其他古遗址	0	0	0
	小计	14	2	16
古墓葬	帝王陵寝	0	0	0
	名人或贵族墓	6	3	9
	普通墓葬	9	0	9
	其他古墓葬	1	0	1
	小计	16	3	19
古建筑	城垣城楼	0	0	0
	宫殿府邸	0	0	0
	宅第民居	18	0	18
	坛庙祠堂	14	3	17
	衙署官邸	0	0	0
	学堂书院	0	0	0
	驿站会馆	0	0	0
	店铺作坊	1	0	1
	牌坊影壁	1	0	1
	亭台楼阙	2	0	2
	寺观塔幢	0	0	0
	苑囿园林	0	0	0
	桥涵码头	8	2	10
	堤坝渠堰	1	0	1
	池塘井泉	15	3	18
	其他古建筑	3	0	3
	小计	63	8	71
石窟寺及石刻	石窟寺	0	0	0
	摩崖石刻	0	1	1
	碑刻	10	0	10
	石雕	0	1	1
	岩画	0	0	0
	其他石刻	1	2	3
	小计	11	4	15
近现代重要史迹及代表性建筑	重要历史事件和机构旧址	1	1	2
	重要历史事件纪念地或纪念设施	3	0	3
	名人故、旧居	0	0	0
	传统民居	35	0	35
	宗教建筑	3	0	3
	名人墓	4	0	4
	烈士墓及纪念设施	5	2	7
	工业建筑及附属物	10	0	10
	金融商贸建筑	8	0	8
	中华老字号	0	0	0
	水利设施及附属物	11	0	11
	文化教育建筑及附属物	2	0	2
	医疗卫生建筑	1	0	1
	军事建筑及设施	14	2	16
	交通道路设施	16	1	17
	典型风格建筑或构筑物	0	0	0
	其他近现代重要史迹及代表性建筑	32	0	32
	小计	145	6	151
其　他		5	0	5
总计		254	23	277

表三

玉环县已公布的各级文物保护单位、文物点（截至2011年1月）

名　称	级　别	年　代	类　别	地　址	公布文号	公布日期	备　注
三合潭遗址	省级	商周	古遗址	玉城街道南山村三合潭	浙政发[2005]18号	05.3.16	
坎门验潮所	省级	民国	近现代重要史迹及代表性建筑	坎门街道灯塔社区平石岙	浙政发[2011]2号	11.1.7	正在申报第七批国保
纪恩诗摩崖石刻	省级	清道光二十六年(1846)	石窟寺及石刻	芦浦镇道头村深浦寿星山麓	浙政发[2011]2号	11.1.7	
苔山寨城遗址	省级	清初	古建筑(古遗址)	清港镇凡潭苔山村东南山顶	浙政发[2011]2号	11.1.7	
海山潮汐电站	省级	1972年	近现代重要史迹及代表性建筑	海山乡南滩村南滩自然村	浙政发[2011]2号	11.1.7	
隔岭潘氏碉楼		民国		芦浦镇隔岭村潘家山头			
尖山吴氏碉楼		民国		芦浦镇尖山村尖山山脚			
玉环碉楼 分水梁氏碉楼	省级	民国十八年（1929）	近现代重要史迹及代表性建筑	芦浦镇分水村蔡户芦岙路分水40号西面	浙政发[2011]2号		
东头碉楼		民国		海山乡横床村东头乌岛东路48号			
西跳碉楼		民国		海山乡大青村西跳自然村			
盐盘应氏碉楼		民国		干江镇盐盘村岙路			
苔山碉楼		民国二十九年(1940)		清港镇苔山村"苔山寨城遗址"东北方向			
陈凤祥碉楼		民国		楚门镇三联村小塘自然村田马老公社址东北沿面			
西岙陈氏碉楼		民国三十五年(1946)		楚门镇东岙村西岙炮台里17号南			
革命烈士纪念塔及墓葬	县级	1959年	近现代重要史迹及代表性建筑	玉城街道县前社区中青村山麓	玉革[81]96号	81.7.8	
陈参霎墓	县级	明万历十九年(1591)	古墓葬	楚门镇西村金字山麓	玉革[81]96号	81.7.8	
楚门石狮	县级	清光绪十一年(1885)	石窟寺及石刻	楚门镇西南村楚门剧院门口	玉革[81]96号	81.7.8	
灵山井	县级	宋	古建筑	楚门镇东村灵山寺前	玉政[1986]35号	86.3.9	
洋池状元桥	县级	清嘉庆八年（1803）	古建筑	玉城街道东门社区县公安局内	玉政[1986]35号	86.3.9	
林正阳墓	县级	清咸丰八年(1858)	古墓葬	大麦屿街道栈头村	玉政[1986]35号	86.3.9	
东方小学旧址	县级	民国二十八年（1939）	近现代重要史迹及代表性建筑	楚门镇令水村岣谷坦东方中学内	玉政[1986]35号	86.3.9	
胡瞻塘墓	县级	明嘉靖四十年（1561）	古墓葬	龙溪乡渡头村育井头山麓	玉政[1986]35号	86.3.9	
《圣训诗》石刻	县级	民国十年(1921)	石窟寺及石刻	楚门镇西山村竹午脊岭	玉政发[2004]3号	04.1.13	
普安灯塔	县级	民国十四年(1925)	近现代重要史迹及代表性建筑	坎门街道东沙社区东沙头	玉政发[2004]3号	04.1.13	
龙泪井	县级	清道光二十八年(1848)	古建筑	楚门镇药岗村药岗小学西面	玉政发[2004]3号	04.1.13	
方石井	文物点	清乾隆三十三年(1768)	古建筑	玉城街道县前社区县后巷	玉文物[2004]1号	04.3.30	
章十三元帅庙戏台	文物点	清乾隆四十七年(1782)	古建筑	玉城街道环西路西小岙自然村	玉文物[2004]1号	04.3.30	
咸继光平倭纪念碑	文物点	民国二十二年(1933)	近现代重要史迹及代表性建筑	玉城街道犁头村	玉文物[2004]1号	04.3.30	
上青塘进士冢杆石	文物点	清嘉庆癸酉年（1813）	石窟寺及石刻	大麦屿街道上青塘村	玉文物[2004]1号	04.3.30	
龙虎山碉堡	文物点	1951年	近现代重要史迹及代表性建筑	坎门街道东岙村麻石自然村	玉文物[2004]1号	04.3.30	
南排山碉堡	文物点	1952年	近现代重要史迹及代表性建筑	玉城街道坎门社区南祥山	玉文物[2004]1号	04.3.30	
东岙天庙戏台	文物点	清	古建筑	楚门镇东岙村	玉文物[2004]1号	04.3.30	
樟岙大帝庙戏台	文物点	清同治四年(1865)	古建筑	清港镇樟岙村	玉文物[2004]1号	04.3.30	
平环桥	文物点	清光绪四年(1878)	古建筑	沙门镇白岭下村	玉文物[2004]1号	04.3.30	
玉环电厂烟囱	文物点	1969年	近现代重要史迹及代表性建筑	玉城街道南山村三合潭	玉文广新[2007]105号	07.12.17	已被拆除

玉环县不可移动文物年代汇总表（截至2011年1月）

统计年代	新发现文物	已公布文物	合计
旧石器时代	0	0	0
新石器时代	0	0	0
夏	0	0	0
商	0	1	1
西周	0	0	0
东周	0	0	0
秦	0	0	0
汉	0	0	0
三国	0	0	0
晋	0	0	0
南北朝	0	0	0
隋	0	0	0
唐	1	0	1
五代	0	0	0
宋辽金	3	1	4
元	1	0	1
明	8	2	10
清	88	12	100
中华民国	76	4	80
中华人民共和国	76	3	79
待定	1	0	1
总计	254	23	277

玉环县各乡镇街道不可移动文物统计表（截至2011年1月）

序号	分类 乡镇	古遗址	古墓葬	古建筑	石窟寺及石刻	近现代重要史迹及代表建筑	其他	合计
1	玉城街道	4	8	11	2	18	2	45
2	坎门街道	2	0	13	1	40	0	56
3	大麦屿街道	3	3	13	3	13	1	36
4	楚门镇	2	2	11	3	15	0	33
5	清港镇	2	4	8	2	24	2	42
6	芦浦镇	0	0	2	1	7	0	10
7	干江镇	0	0	0	0	8	0	8
8	沙门镇	0	0	7	1	3	0	11
9	龙溪乡	2	2	3	1	1	0	9
10	鸡山乡	0	0	3	0	14	0	17
11	海山乡	1	0	0	1	8	0	10
总计		16	19	71	15	151	5	277

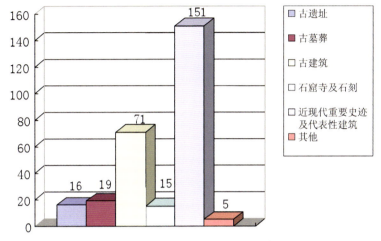

图一　玉环县不可移动文物类别数量柱状图

图例：
- 古遗址
- 古墓葬
- 古建筑
- 石窟寺及石刻
- 近现代重要史迹及代表性建筑
- 其他

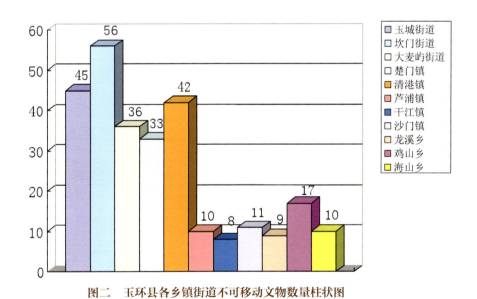

图二　玉环县各乡镇街道不可移动文物数量柱状图

图例：
- 玉城街道
- 坎门街道
- 大麦屿街道
- 楚门镇
- 清港镇
- 芦浦镇
- 干江镇
- 沙门镇
- 龙溪乡
- 鸡山乡
- 海山乡

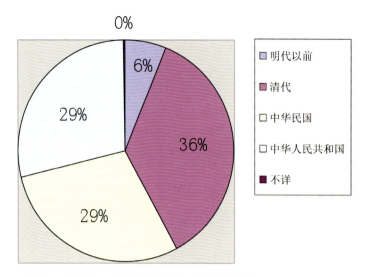

0%

- 明代以前
- 清代
- 中华民国
- 中华人民共和国
- 不详

6%

29%

36%

29%

图三　玉环县各历史年代不可移动文物饼状图

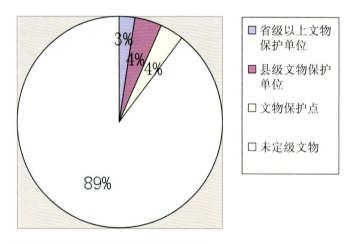

3%
4%
4%

- 省级以上文物保护单位
- 县级文物保护单位
- 文物保护点
- 未定级文物

89%

图四　玉环县不可移动文物级别饼状图

其中国家重点文物保护单位1处、省级文物保护单位6处、县级文物保护单位11处、文物点10处（注：国家级1处已被入选，待公布；在省级文物保护单位中，有1处玉环碉楼是9个碉楼的合称）

后 记

  《玉环文物概览》于2009年初开始编纂，几易其稿，终于在2011年春节之际付梓出版。《玉环文物概览》（以下简称《概览》）简洁明了地展现凝聚着玉环人民的智慧与魅力、融合着地方历史与本土特色的文化遗存，为玉环文化遗产研究和保护提供参考。

  《概览》在近几年的文物工作经历和第三次全国文物普查田野调查资料的基础上，参考玉环地方史志资料的记载，进行深入翔实的再调查、分析和研究后而认真筛选、充实形成的。本书的文字介绍力求通俗易懂，随文附有众多照片图片，皆为当前实景，以利读者直观了解相关内容，准确感知我县的历史文化遗存现状。

  《概览》的编辑出版得到了柯昕野、王国忠等县委县政府领导的高度重视和支持，得到了省、市有关领导和专家的关心和指导，得到了县文物普查办工作人员和热心人士的鼎力协助。德高望重的中国人民大学教授、博士生导师高铭暄先生为本书作序，著名书法家、浙江省书法家协会主席、浙江省文物局局长鲍贤伦先生为本书题写书名，在此一并致以衷心的感谢！

  由于编者学识浅陋，加之时间和篇幅所限，粗糙和幼稚在所难免，错误和缺陷定必不少，竭诚欢迎行家和读者不吝指正。

编者
2011年春节

玉環文物概覽